PRÓLOGO

De Migrante a Magnate Financiera: La Inspiradora Historia de Araceli Villanueva León, CEO de AVL Family Office, autora del Podcast y Libro "Crea Fortunas", Asesora y estratega financiera de Éxito, Mujer y Madre Empoderada.

Araceli Villanueva León, es reconocida como una **visionaria** migrante mexicana que ha conquistado el mundo financiero, se ha posicionado como una líder indiscutible, **asesora y estratega de éxito financiero en los Estados Unidos de Norteamérica**. Su historia es una epopeya de determinación, resiliencia y logros impresionantes.

Desde las calles bulliciosas de la Ciudad de México hasta los brillantes escenarios de Miami y más allá, la vida de **Araceli Villanueva León** es un testimonio de **perseverancia, pasión y dedicación**. Nacida como la menor de seis hermanos, su infancia estuvo marcada por **desafíos tempranos** y la muerte de su madre desde una edad tierna. Tuvo una crianza llena de amor y sabiduría por parte de su abuelita materna, y así fue como Araceli aprendió desde joven el valor de la administración financiera y la resiliencia.

En Ciudad de México con mis hermanos de izquierda a derecha (Joel, QEPD), Yo, Alicia y Claudio)

La ausencia de su padre durante sus primeros años no fue un obstáculo, sino un catalizador para su **determinación** y su creciente interés en el mundo de las **finanzas y las inversiones**. Educada en México en informática, Araceli pronto emigró a los Estados Unidos a la edad de 18 años, donde comenzó a trazar los primeros cimientos de un **imperio financiero** que hoy en día lidera con distinción.

Pero más allá de los logros profesionales, Araceli encuentra su mayor satisfacción en la **maternidad.**

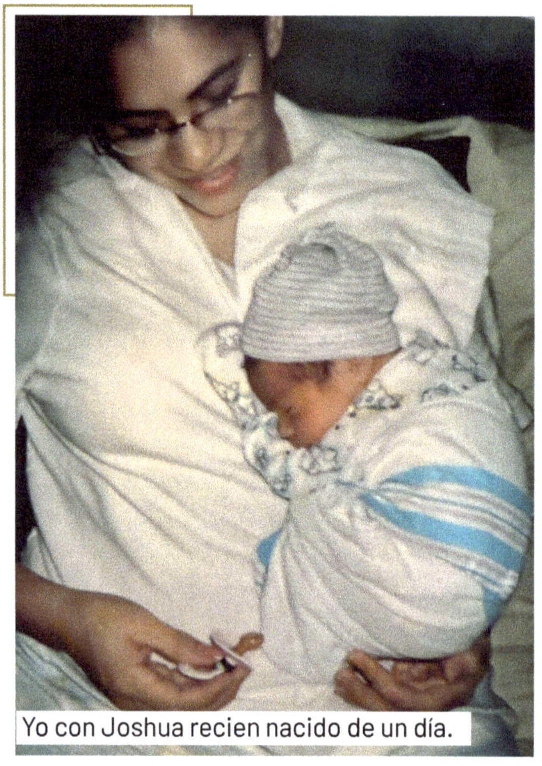

Yo con Joshua recien nacido de un día.

Primer Navidad de Joshua en la casa que mande a construir, tenia casi 3 meses de edad

Ha criado a su hijo Joshua con sólidos valores y buena educación que ha encontrado en escuelas católicas. Ella ha visto florecer en él un hombre de **principios, respeto y responsabilidad**. Para Araceli, esta labor es más significativa que cualquier éxito académico o profesional, demostrando que la **verdadera riqueza** reside en las relaciones y el impacto positivo en la vida de otros.

Transformadora de Sueños en Fortunas: La Poderosa Trayectoria de una Líder y Experta en Consultoría Financiera.

Manejando **millones de dólares** para sus clientes, Araceli ha demostrado ser una **líder** indiscutible y **experta consultora financiera** excepcional. Su experiencia en inversiones, estrategias financieras y banca hipotecaria la sitúa en la cúspide de la industria. Cada estrategia que implementa es un paso hacia la **creación de fortunas** para aquellos que confían en su pericia.

Araceli no solo es una **profesional consumada en finanzas**, con múltiples licencias y certificaciones en hipotecas, bienes raíces y estrategias fiscales, así como notario público; también es una **artista** que ha manifestado una pasión desbordada por el **baile** y la **pintura.**

La cara de Jesús que pinté en Miami en 2019

Con Johnny Vazquez el Salsero internacionalmente conocido en 1999 en LA

Desde sus días en la Ciudad de México hasta sus actuaciones en San Francisco, Chicago, Miami, Los Ángeles y otros lugares; el baile ha sido su **liberación** y su **terapia**, mientras que la pintura le ha permitido expresar su **creatividad** y pasión por capturar la esencia humana en lienzos memorables.

Esta **increíble mujer** ha tenido la oportunidad de viajar por más de **cuarenta y cinco países**, hecho que le ha permitido ampliar sus horizontes culturales, conocer otras realidades, palpar las necesidades de otros y las pocas oportunidades que han tenido para alcanzar sus sueños, razón por la cual se ha visto impulsada a involucrarse profundamente en **obras de caridad** y **filantropía.**

Con una familia en Puebla México en una misión en Abril del 2008.

Con una niña en Haití días después del terremoto del 2010

A través de misiones humanitarias y apoyo a comunidades desfavorecidas, Araceli ve en estas actividades una oportunidad para crecer como **ser humano** y como **ser espiritual**, enriqueciendo su vida con experiencias que van más allá de lo material.

La autora de Crea Fortunas ha sido reconocida como **«La Arquitecta de sueños»**, por crear de forma **única y brillante** innumerables **estrategias** personalizadas que han transformado las vidas financieras de sus clientes tanto de diversos sectores y especializaciones, como de élite, incluyendo celebridades y personalidades destacadas en el mundo del entretenimiento. Su **ética intachable** y su dedicación han establecido un estándar de excelencia que ha superado las expectativas, gracias al respaldo de un **equipo talentoso** y **comprometido** que comparte su **visión de servicio de excelencia y calidad,** unida con su **experiencia, consejería, creatividad, recursos, "expertise"** y **ética profesional** entregando un **servicio supremo.**

Desde sus primeros días como **reportera de entretenimiento** hasta la fundación de **AVL Family Office,** un grupo empresarial dedicado al **asesoramiento financiero** y la **gestión de patrimonios** de celebridades y empresarios, Araceli ha demostrado que la **pasión**, el **conocimiento** y la **integridad** son la piedra angular de todo lo que emprende.

Experta en banca, bienes raíces, créditos, estrategias fiscales e inversiones.

Con más de 25 años de experiencia, cuenta con licencia como banquera de hipotecas y "**Broker**" de **Bienes Raíces e Inversiones en Propiedades**. Su trayectoria en la industria financiera comenzó cuando compró su primera casa a los 20 años, ascendiendo gradualmente desde **Oficial de Préstamos, Procesador, "Underwriter"** y **Representante de Banco**. Adicionalmente incursionó en la **inversión inmobiliaria** y desde ese momento hasta la fecha ha tenido un total de **29 propiedades.**

Acreditaciones y Licencias Profesionales.

Actualmente funge como **"Business Manager"** de Empresarios y Celebridades incluyendo la carrera musical de su hijo Joshua León, **Consultora de Estrategias Fiscales, Consultora Financiera, Banquera de Hipotecas Comerciales y Residenciales, "Broker" de Bienes Raíces y Notario Público.**

Ejemplo de la confluencia del éxito: Araceli Villanueva León y su trayectoria como Celebrity Business Manager.

Su singular **experiencia personal y profesional con celebridades** no solo la distingue en el ámbito financiero, sino que también le ha brindado la oportunidad de emprender de manera excepcional a través de **AVL Family Office**. Araceli, con su aguda perspicacia y habilidades únicas, se ha consolidado como un referente en la prestación de servicios de **Celebrity Business Management.** Su capacidad para navegar tanto en el mundo de las finanzas como en la esfera del entretenimiento la posiciona como una líder **visionaria**, capaz de **crear sinergias** que trascienden los límites personales. Su trayectoria es un testimonio vivo de cómo el talento, la **dedicación** y la **autenticidad** pueden converger para alcanzar **niveles de éxito extraordinarios.**

Compromiso Social y Espiritual.

Araceli no solo es una **líder financiera**, sino también una fuerza impulsora en el **compromiso social y espiritual**. Participante activa en **misiones humanitarias** en México, Haití y Miami, demuestran su dedicación a ayudar a los más necesitados.

Misiones Humanitarias, con niña en el CRIT del Teletón en México en el 2008.

Con niño en Haití en el 2010.

Con Joshua dando de comer a los indigentes del centro de Miami en el 2011

Su compromiso con organizaciones sin fines de lucro, como RNHA y Bienvenido, refleja su deseo de **impactar positivamente a su comunidad**.

Valores Conservadores y Participación Política.

Como católica **mexicana-americana**, Araceli promueve sus valores conservadores en su comunidad, su participación activa en temas de fe y derechos de los hispanos muestra su compromiso con la **defensa de sus principios**. Como líder hispanoamericana de la campaña **"Vota Tus Valores"**, busca inspirar a la comunidad latina a participar activamente.

En Chicago en 1998

Araceli Villanueva León, la mujer que **forjó su destino, desafió fronteras** y se convirtió en una **fuerza imparable en las finanzas**, es un ejemplo a seguir pues su historia es un recordatorio contundente de que el éxito no conoce límites. Araceli no solo es **experta en crear fortunas**, sino que también ilumina el **éxito financiero** para otros, demostrando que cada sueño, por más grande que sea, puede convertirse en realidad.

Ética Profesional.

El éxito profesional de Araceli es sin duda el resultado de su compromiso por mantener la **ética profesional** en los niveles más altos de excelencia. Ella **crea relaciones de largo** plazo con todos los que se encuentran involucrados en sus negocios y servicios, pues muestra **confianza, dedicación y entrega,** haciéndola una **"Profesional Completa"**. En el corazón de su **filosofía** yace la creencia de que **"Las necesidades de sus clientes son sus necesidades"**, sustentando su dedicación para fomentar relaciones comerciales exitosas, personalizadas y para toda la vida.

Este libro, surgido de su experiencia y su deseo de compartir sus conocimientos con la comunidad latina, no solo es un **compendio de estrategias financieras** y consejos prácticos; es también el **testimonio de una mujer dotada de éxito y liderazgo** que nos demuestra que no solo se pueden superar las adversidades, sino que es posible construir un **legado de impacto** y abrirse paso hacia nuevos horizontes con cada uno de sus pasos en su basta trayectoria.

Te invito a sumergirte en estas páginas llenas de aprendizaje invaluable sobre como crear fortunas, así como estrategias únicas y la motivación para alcanzar el éxito financiero de forma ordenada e inteligente.

Este libro no solo transformará tu visión sobre las finanzas, sino que también despertará en ti el deseo de construir tu propia fortuna y alcanzar la libertad financiera que siempre has soñado.

¡El primer paso hacia tu éxito comienza aquí!

TRAYECTORIA

- Procesadora de préstamos hipotecarios
- Inversionista
- Banquera de préstamos
- Underwriter de préstamos hipotecarios
- Licenciada de Bienes Raíces
- Representante del banco
- Notario Público
- Broker de Bienes Raíces
- Certificada en Asesoría de Impuestos

AVL FAMILY OFFICE

Gracias a su experiencia en relaciones personales y asesoría financiera durante años con diversas celebridades, Araceli emprendió de manera orgánica la creación de **AVL FAMILY OFFICE** en 2017. Este grupo de empresas opera como una Oficina Familiar especializada en consultoría financiera, inversiones, bienes raíces, estrategias fiscales, optimización tributaria y más. Todo ello se ofrece a través de un servicio altamente especializado, personalizado y enfocado en la excelencia para cada uno de sus clientes.

Su misión es abordar meticulosamente cada aspecto de las necesidades financieras y los objetivos de sus clientes. Esto incluye tanto el desarrollo de estrategias como su implementación, siempre trabajando de la mano con un equipo cuidadosamente seleccionado de profesionales. Además, asesora a sus clientes en decisiones financieras e inversiones, enfocándose en estrategias fiscales que les permitan optimizar su carga tributaria. Gracias a su enfoque especializado, logra consistentemente que sus clientes aprovechen las numerosas y variadas oportunidades fiscales disponibles en Estados Unidos.

Uno de sus elementos más distintivos es su compromiso inquebrantable con los más altos estándares éticos de trabajo, la formación continua y una sólida red de profesionales destacados. Entre ellos se encuentran abogados, contadores públicos certificados, asesores financieros y agentes de seguros. Su equipo se enorgullece de brindar un servicio excepcional, esforzándose al máximo para superar las expectativas de cada cliente con dedicación y excelencia.

Crea Fortunas Podcast y Serie de Libros

Con la experiencia adquirida a través de su vida profesional, con el respaldo que le brinda el haber tenido más de 18 negocios desde su llegada de México a Estados Unidos, y al darse cuenta que la mayoría de la comunidad latina no sabía cómo implementar muchas de las estrategias practicadas por ella misma, decidió compartirlo en un **Podcast** llamado **Crea Fortunas** de tal manera que pudiera tener la oportunidad de enseñar con su propia historia, desde que llegó con **$300 dólares, hasta lograr generar millones de dólares** desde entonces y apalancándose del sistema financiero, crediticio y fiscal para adquirir bienes con poco dinero y de esa manera maximizar las ganancias.

De la misma forma, orgánicamente surge este primer libro, y los que siguen para plasmar en papel todas las estrategias realizadas en su trayectoria personal, así como aplicándolas con sus clientes desde el 2013.

RECONOCIMIENTOS Y CERTIFICACIONES

La Asociación de las Naciones Unidas (ANUV)
extiende, a través de este certificado,
su respaldo institucional de alto valor simbólico y
ético a la Distinción de *Doctor Honoris Causa* otorgada
por el Claustro Doctoral Honoris Causa A.C. A:

Dra. Araceli Villanueva León

Dicha distinción se concede en virtud de su lealtad, compromiso y valiosas contribuciones al bienestar de la sociedad, reconociendo una trayectoria que honra a su país y contribuye al progreso, la dignificación y el fortalecimiento de los valores universales de la humanidad.

La Asociación de las Naciones Unidas (ANUV), es una entidad con más de cuarenta años de trayectoria en la promoción de los valores, principios y objetivos consagrados en la *Carta de las Naciones Unidas* y en la *Declaración Universal de los Derechos Humanos*, vinculada históricamente al sistema de las Naciones Unidas a través de la *World Federation of United Nations Associations (WFUNA).*

El Presente se otorga en la Ciudad de México, el *1 de Noviembre del 2025.*

Dr. Luis José Antonio Boggiero Madrigal
Secretario General
(ANUV)

Dra.D. Georgina Palacios Martínez
Presidenta Institucional
Claustro Doctoral Honoris Causa

DOCTOR HONORIS CAUSA 2025
ASOCIACIÓN DE LAS NACIONES UNIDAS (ANUV)

En **2025, Araceli Villanueva León** recibió el respaldo institucional de la **Asociación de las Naciones Unidas (ANUV)** a la distinción de **Doctor Honoris Causa,** otorgada por el **Claustro Doctoral Honoris Causa A.C.** Este reconocimiento fue conferido ***por su destacada trayectoria profesional, liderazgo y valiosas contribuciones al bienestar de la sociedad***, reafirmando su compromiso con la educación, el desarrollo humano y la promoción de valores universales.

CLAUSTRO DOCTORAL HONORIS CAUSA 2024
AAPA UNAM

En **2024, Araceli Villanueva León** recibió el título de **Doctora Honoris Causa**, otorgado por el **Consejo Directivo del Claustro Doctoral Honoris Causa**, en una ceremonia solemne celebrada en la **Universidad Nacional Autónoma de México (UNAM).** Esta máxima distinción le fue conferida en reconocimiento a ***su excelencia profesional, liderazgo y valiosas contribuciones al desarrollo social, educativo y cultural***, consolidando una trayectoria de impacto y compromiso con la sociedad.

CERTIFICADO DE APRECIACIÓN MUJERES EXITOSAS
THE CITY OF MIAMI

Por su exitosa trayectoria profesional y sus valiosas contribuciones a la comunidad, **Araceli Villanueva León** recibió el **Certificado de Apreciación de la Ciudad de Miami**, entregado por el alcalde **Francis Suárez**. En el marco de la conmemoración del **Día Internacional de la Mujer**, fue reconocida como una de las **"Mujeres Exitosas"** de la ciudad, en honor a su liderazgo, compromiso y destacada labor como empresaria.

RECONOCIMIENTO DE MUJERES EXITOSAS DE ALTO NIVEL EDICIÓN VII

En **marzo de 2024, Araceli Villanueva León** recibió el reconocimiento internacional **"Mujeres Exitosas de Alto Nivel"**, en su **VII edición**, en homenaje ***a su destacada trayectoria profesional, liderazgo y compromiso con el servicio a la comunidad.*** Esta distinción exalta su valiosa contribución al desarrollo de la sociedad y reconoce el impacto positivo de su labor como empresaria, conferencista y referente para otras mujeres.

CERTIFICACIÓN EN ASESORÍA DE ESTRATEGIAS FISCALES

En **2023, Araceli Villanueva León** obtuvo la certificación como **Consultora en Estrategias Fiscales**, otorgada por **Main Street Tax Pro**. Esta acreditación fortaleció su capacidad para desarrollar **estrategias fiscales personalizadas**, orientadas a la optimización tributaria y la creación de riqueza. Gracias a su experiencia en los sistemas ***financiero, bancario, crediticio, hipotecario y fiscal,*** ha diseñado soluciones efectivas que benefician tanto a sus clientes como a sus propias inversiones.

PREMIOS Y DISTINCIONES EN EL SECTOR INMOBILIARIO

En el **sector inmobiliario, Araceli Villanueva León** ha sido distinguida con importantes reconocimientos, entre ellos el **Miami Award** en **2022** y su ingreso al **Miami Business Hall of Fame** en **2023**. En **2024**, recibió nuevamente esta distinción, consolidando ***tres años consecutivos de reconocimiento*** por su excelencia profesional y su destacada trayectoria empresarial.

MÁS RECONOCIMIENTOS DEL SECTOR HIPOTECARIO

A lo largo de su trayectoria en el **sector hipotecario, Araceli Villanueva León** recibió importantes reconocimientos por su sobresaliente desempeño y liderazgo. Como **Gerente de Área** en una destacada entidad financiera, permaneció de forma consecutiva en el **"Círculo de Platino de los Productores Más Exitosos del País"** entre **2002 y 2007**, tras cerrar personalmente ***más de 500 millones de dólares en préstamos hipotecarios***, logro que la posicionó entre los **30 representantes más destacados** de la compañía a nivel nacional.

Ciudad de México en Noviembre 2024

Araceli Villanueva León nos invita a todos a ser testigos y partícipes de su viaje extraordinario, lleno de logros personales y profesionales que demuestran que, con determinación y fe, podemos construir fortunas que trascienden el ámbito material y enriquecen el alma.

¡Que este libro sea una fuente de inspiración y guía para todos aquellos que buscan crear su propio destino financiero y personal!

PREFACIO

Crea Fortunas es una obra que nace de mi pasión por compartir contigo las estrategias y experiencias que han marcado mi trayectoria en el mundo de las finanzas y más allá.

Desde que llegué a Estados Unidos con apenas dieciocho años y $300 USD en el bolsillo, mi vida ha sido un viaje de aprendizaje constante y superación personal. He enfrentado desafíos que han fortalecido mi determinación y me han enseñado lecciones invaluables sobre la importancia del conocimiento financiero, la inversión estratégica y el poder de la fe y la perseverancia.

Foto cuando recién llegue a Chicago en enero de 1994

A lo largo de estas páginas, compartiré contigo las estrategias que seguí para construir un imperio económico desde cero, utilizando el sistema financiero, crediticio y fiscal para maximizar ganancias y minimizar riesgos. Pero más allá de los números y las cifras, quiero transmitirte mi filosofía de vida que ha guiado cada decisión en mi carrera, basada en la ética, la dedicación, el servicio al cliente y la creación de relaciones a largo plazo basadas en la confianza y el compromiso.

Mi objetivo con este libro es inspirar y empoderar a la comunidad latina que reside en Estados Unidos y más allá de sus fronteras, brindándoles las herramientas y estrategias necesarias para que también puedan alcanzar sus metas financieras y crear un legado duradero para sus familias. Creo firmemente que todos tenemos el potencial de crear nuestras propias fortunas, sin importar cuáles sean nuestras circunstancias iniciales.

Además de compartirte mis conocimientos en finanzas, también te hablaré de mis pasiones: el baile, la pintura, los viajes y mi compromiso con la filantropía (para ver todas estas pasiones así como los negocios que manejo), ve a mi página **aracelivillanueva.com**. Estas actividades no solo han enriquecido mi vida personal, sino que también han sido un componente crucial en mi desarrollo como líder y emprendedora.

Pintura Jesus y Mary Unidad Eterna que pinte en el 2019.

Bailando con Shaka Brown en el 2004.

Viajes a Brujas y Bruselas en Belgica, Paris Francia, Dubrovnik Croacia, Mostar y Medjugorje en Bosnia & Herzegovina, Londres y Montenegro.
Estos viajes en el 2015.

Con niña huerfana despues del terremoto en Haiti 2010

A lo largo de mi carrera, he tenido el privilegio de trabajar con celebridades y figuras destacadas del entretenimiento, así como con personas y familias que confían en mí para guiarlos hacia una estabilidad financiera sólida y sostenible. Cada uno de ellos ha contribuido a mi crecimiento profesional y personal, y es gracias a su confianza y apoyo que hoy puedo compartir contigo mi historia y lo que he aprendido de ella.

Quiero agradecer a mi hijo Joshua, amigos y colegas que han estado a mi lado en este viaje. Su amor, apoyo y aliento han sido fundamentales en cada paso de mi camino y son la verdadera razón por la que continúo esforzándome por alcanzar nuevas metas y desafíos.

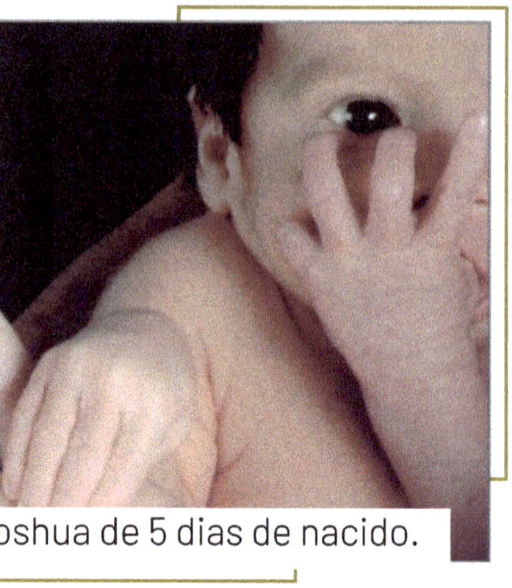

Joshua de 5 dias de nacido.

Joshua conmigo en El Museo de Antropología de CDMX Noviembre 2024

Mando es mi pequeño bebé perruno, quien desde diciembre de 2021 se ha convertido en una fuente inigualable de apoyo emocional. Nunca imaginé recibir tanto amor y compañía de un ser tan pequeño, pero su lealtad y apego incondicional me han demostrado lo contrario. Lo amo profundamente, y no podía dejar de mencionar a mi pequeñito, que me tiene completamente enamorada.

Por último, porque es lo más importante, quiero agradecer a mi mamá quien me dio la vida, a pesar de que mi papá no quería que naciera (esa es otra historia). Su valentía y ejemplo de madre (que, aunque no la conocí porque murió cuando yo era muy pequeña) me dio lo más importante: la vida, la oportunidad de vivir, de dejar un legado en este mundo. Le debo todo a mi querida madre, María de Jesús León de Villanueva, Q.E.PD.

Espero que este *libro sea una fuente de inspiración y conocimiento para ti, tu familia y tus amigos*. Mi intención es ayudarte a descubrir tu potencial, a tomar decisiones financieras informadas y a construir un futuro próspero y abundante.

¡Bienvenido a Crea Fortunas!

INTRODUCCIÓN

En el transcurso de nuestra vida nos encontramos con momentos que definen quiénes somos y qué deseamos lograr, y han sido esos momentos los que me han llevado a escribir **Crea Fortunas**, un libro que te llevará por el mismo camino de descubrimiento y crecimiento que he recorrido personalmente a lo largo de mi carrera. Desde mis primeros pasos en la industria financiera hasta mi consolidación como consultora de estrategias fiscales, banquera de hipotecas, corredora de bienes raíces e inversionista, tal como lo vas a poder descubrir en cada capítulo de este libro impregnado de lecciones aprendidas, desafíos superados y éxitos celebrados.

Esta obra no es solo un relato de mi trayectoria profesional, es mucho más que eso, es una guía práctica para aquellos que desean tomar las riendas de su futuro financiero y construir una base sólida para el éxito. A través de estas páginas, compartiré contigo las estrategias que he utilizado para maximizar mis inversiones, minimizar riesgos y crear oportunidades donde otros solo ven obstáculos.

Solo quiero que persigas tus propios sueños con renovada confianza y determinación. No importa si apenas comienzas una carrera profesional, con la intención de expandir tu conocimiento financiero, o simplemente estás en la búsqueda de motivación para alcanzar tus metas, este libro está diseñado para guiarte paso a paso hacia una vida financiera más próspera y satisfactoria.

Este será un viaje de descubrimiento y aprendizaje, juntos exploraremos las herramientas y estrategias necesarias para crear fortunas, no solo en términos monetarios, sino también en términos de crecimiento personal y profesional.

I
Cómo participar en el sistema financiero de Estados Unidos

«El dinero siempre está buscando buenas ideas y buenas personas. Si tienes una buena idea y eres persistente, el dinero vendrá a ti».

ROBERT KIYOSAKI

"Mi abuela me enseñó los inicios de mi educación financiera"
Toda gran historia parte de un gran inicio. La mía comenzó con las enseñanzas de mi abuelita "Mamá Brígida".

Con mamá Brigida en México en 2002 ella tenia como 96 años de edad

Pero para que puedas entenderme, antes debo decirte que estas lecciones las puse en práctica en Estados Unidos. Soy una mexicana que llegó a este país a los dieciocho años con un sueño claro y una determinación inquebrantable: ***Construir un futuro próspero que me permitiera crear una fortuna.***

México no me permitió alcanzar ese sueño como yo lo tenía estructurado, allá los caminos son muy angostos, lleno de muchos obstáculos y cuesta arriba. Estados Unidos tampoco me lo puso fácil, pero me brindó las oportunidades que no me brindó mi país. A una semana de llegar a San Francisco California de la Ciudad de México, descubrí la clave para generar riqueza: **¡Invertir en propiedades!**

Quizás te preguntes cómo una chica tan joven pudo entenderlo tan fácil. La respuesta está en la educación financiera que recibí de mi abuelita. No fue fácil, pero gracias a sus lecciones valiosas sobre la administración del dinero que empezó a los 11 años, aprendí que todo dólar que cayera en mis manos tenía que dividirlo en tres partes iguales: *una parte para gastarla como yo quisiera, otra parte para tenerla disponible en una cuenta de cheques, y la última parte para ahorrarla.*

Al principio me costaba muchísimo cumplir con esa premisa, pero luego pude crear el hábito y consolidar la base de mi disciplina financiera.

Durante mi secundaria, mi papá me enviaba dinero desde Estados Unidos, con el fin de apoyarme en mis estudios y cubrir mis gastos personales. Apenas culminé mis estudios, retiré todo el dinero que tenía ahorrado.

¿Sabes cuánto había ahorrado? Más del 60% de los fondos que mi papá me había enviado. Imagina cómo me sentí. Fue maravilloso, porque comprendí que mi abuela tenía razón y que es muy gratificante tener dinero en el banco para luego invertirlo en algo que pudiera multiplicar mi capital.

Los dos equipos

A los dieciocho años mi papa me permitió venir a Estados Unidos y decidimos mi hermano Claudio y yo mudarnos a la ciudad de San Francisco, California.

Con Claudio mi hermano, los dos nos mudamos a San Francisco California juntos en 1993

Esta parte de mi historia se ha convertido en un punto de inflexión, porque me permitió evaluar la historia de uno de mis hermanos mayores. Él ya se encontraba en Estados Unidos, y lo que más me marcó fue enterarme de que estuvo pagando alquiler por más de siete años sin obtener ningún beneficio real, mientras que el propietario del inmueble obtenía beneficios económicos de él.

¡Saberlo fue para mí una gran revelación! En ese instante entendí que frente a mí había dos equipos, uno formado por inquilinos sudorosos y agotados que perdían su dinero en arriendo; en ese estaba mi hermano. El otro equipo estaba conformado por propietarios de inmuebles que estaban frescos como lechugas, recibiendo el dinero del otro equipo, sin derramar una sola gota de sudor. Fue ahí que decidí estar del lado de quienes poseían propiedades, no solo para asegurar mi futuro financiero, sino también para maximizar mis ingresos.

Lo primero que hice para entrar al equipo fue conocer cuáles eran los requisitos para ingresar al club y si yo cumplía con ellos. La verdad, no era una lista muy exigente, solo necesitaba establecer crédito, ahorrar dinero y demostrar estabilidad laboral durante al menos dos años. Sin embargo, San Francisco resultó ser una ciudad muy costosa para mis planes iniciales.

Con mi hermano Claudio y mi papá Claudio en Chicago en 1995

En Chicago en 1996

Con el apoyo de mi padre, decidí mudarme a Chicago, una ciudad con mejores oportunidades financieras y con un costo de vida más económico.

En Chicago con el auto que compre para hacer mi credito en 1994

En Chicago, me enfrenté al desafío inicial de construir mi historial crediticio. Las tarjetas de crédito no me aprobaban así que la mejor idea que tuve fue la de solicitar un préstamo bancario para la compra de un automóvil. Me dirigí a una agencia para solicitar el préstamo. Su línea de crédito tenía una tasa del 29% de interés, un porcentaje muy elevado pero una inversión necesaria para empezar mi historial crediticio.

Luego, obtuve una tarjeta de crédito de una tienda departamental; y así fue como pude calificar para comprar mi primera propiedad. Gracias a que me dediqué a buscar la información sobre estos temas, aprendí que las tarjetas de crédito deben ser utilizadas para gastar menos del 30% de su límite, con el fin de evitar ser catalogada como una cliente de alto riesgo para los bancos. Esto me enseñó el valor moral y ético que Estados Unidos le otorga a la palabra «crédito».

El siguiente paso crucial fue buscar la ayuda de un agente de bienes raíces. Le expliqué mi intención de comprar una propiedad en un vecindario con potencial de crecimiento. Gracias a su habilidad y negociación, adquirí una casa dúplex en donde el primer piso ya estaba totalmente remodelado y fue donde viví, por otra parte, el segundo piso y el sótano requerían renovaciones y para mi sorpresa en aquel tiempo era un mercado de compradores así que los vendedores estaban dispuestos a darme dinero el día del cierre para los arreglos de la propiedad pues la propiedad prometía una excelente plusvalía a largo plazo. Así que una vez remodelado con el dinero del vendedor que me dio al cierre reparé el segundo piso y el sótano y así los renté a mis primeros inquilinos.

Primer duplex que compré en 1995

La adquisición de esta propiedad no solo marcó mi entrada al mercado inmobiliario, sino que también me permitió vivir sin gastos de vivienda durante cinco años. Mis inquilinos cubrían todos los pagos mensuales del préstamo, y cada año refinanciaba la propiedad para acceder a la plusvalía acumulada y que además no paga impuestos, pues es dinero del banco y los prestamos no son ingreso personal. Este ciclo no solo me permitió ahorrar dinero, sino que también me permitió descubrir las ventajas fiscales de refinanciar bienes raíces en Estados Unidos, una oportunidad que maximizó mis ingresos sin incurrir en impuestos adicionales.

Celebrando mi cumpleaños en una casa que compré en Miami por $1.4 millones USD en el 2005 y con un portafolio de 25 propiedades.

Antes de cumplir los treinta y un años, ya era propietaria de veinticinco inmuebles y tenía un portafolio de bienes raíces que superaban los 5 millones de dólares con ingresos anuales de un millón de dólares.

No creas que esta es una meta imposible de alcanzar, estoy convencida de que tú también puedes lograrlo en mucho menos tiempo. Para ti será mucho más fácil porque yo te diré cómo hacerlo, solo tienes que seguir al pie de la letra mis instrucciones para que no cometas los errores que cometí yo en mi proceso de aprendizaje inicial.

Te animo a que tomes la decisión de dar el primer paso hacia tu libertad financiera, con disciplina, determinación y las estrategias correctas, estoy segura de que podrás alcanzar tus metas financieras más ambiciosas. Este es solo el comienzo de tu viaje hacia la riqueza. Estoy aquí para guiarte, inspirarte y compartir contigo el conocimiento que me llevó a alcanzar el éxito financiero en Estados Unidos.

Manual al ÉXITO

¡Tu éxito es nuestra misión!

CAPITULO #1

¿Cómo entrar al Sistema Financiero?

WWW.CREAFORTUNAS.COM

@creafortunas

Gotita de Miel: La forma de hacer fortunas en Estados Unidos es apalancándose del sistema financiero, mientras inviertes tu propio dinero para crear flujo de efectivo "Cash Flow".

Bienvenido(a) y muchas felicidades por tomar la iniciativa y permitirme acompañarte por medio de este **Manual al Éxito** en algunos capitulos que he diseñado especialmente para personas como tú que se interesan por la educación financiera, y desde la perspectiva de una inmigrante que caminó estos mismos pasos y comprobó que siguiendo este método que te compartiré en este manual, sin duda llegarás a tu meta final.

¡Estoy muy feliz de que hayas dado el primer paso que marcará un antes y un después en tu vida financiera!, a partir de este momento y en adelante te voy a guiar para **¡Crear tu propia Fortuna!.**

A continuación, te comparto el MAPA que deberás seguir para llegar a tu destino final, pero siempre acompañándote en todo momento por medio de este manual que incluye detalles muy específicos. Te brindaré también gráficas y ejercicios sencillos para que los puedas llenar con tus datos, e ir siguiendo cada paso, con el propósito de minimizar el esfuerzo de buscar o crear documentos de apoyo. Así que:

¡Empecemos y vamos a Crear Fortunas juntos!

¿QUÉ DEBO HACER PARA ENTRAR AL SISTEMA FINANCIERO?

1. TENER DE BUEN A EXCELENTE CRÉDITO (720 O MÁS DE PUNTAJE).
2. HACER UN PRESUPUESTO Y ESTRICTAMENTE SEGUIRLO POR 2 AÑOS.
3. TENER TRABAJO ESTABLE EN LA MISMA INDUSTRIA Y POSICIÓN POR 2 AÑOS.

Vamos a entrar en detalles del primer punto de cómo crear o mejorar tu puntaje de crédito.

1. Lo primero es tener un seguro social para poder crear **CRÉDITO** ya que es uno de los 3 pasos **MÁS** importantes para que funcione este mapa financiero. Si no tienes crédito sigue estas recomendaciones en los primeros 6 meses:

- Pide a un familiar o amigo(a) de confianza que te agregue a una o dos tarjetas que pague a tiempo, es simple, sólo llama a la institución financiera de su tarjeta, proporciona tu información y listo.

- Pregunta en tu banco si tienen tarjetas que se abren con tu propio dinero (Secured credit cards) usualmente las ofrecen con bajo límite aproximadamente $300 USD (sólo utiliza máximo el 30% del total de crédito para crear buen puntaje).

• Puedes ir a creditwww.com como recurso para aplicar por tarjetas de acuerdo a tu nivel de crédito. (consulta abajo el ejemplo de la página de internet).

2. Los próximos **6 meses (al año).**

Ve a una tienda departamental y ya tendrás puntaje de crédito por 6 meses, te darán la tarjeta con un límite de $500 a $1,000 (sólo usa el máximo del 30% del total de crédito para crear buen puntaje).

3. Los próximos **6 meses (18 meses).**

Aplica por una tarjeta de crédito de una institución financiera como Capital One, Chase, etc. que te brinde "Rewards", "Cash Back" o "Miles" para tener doble beneficio, usar el dinero de otros (tarjeta de crédito) y a la misma vez recibir beneficios por usar el dinero de otros.

¡Es una MARAVILLA el sistema financiero de USA!

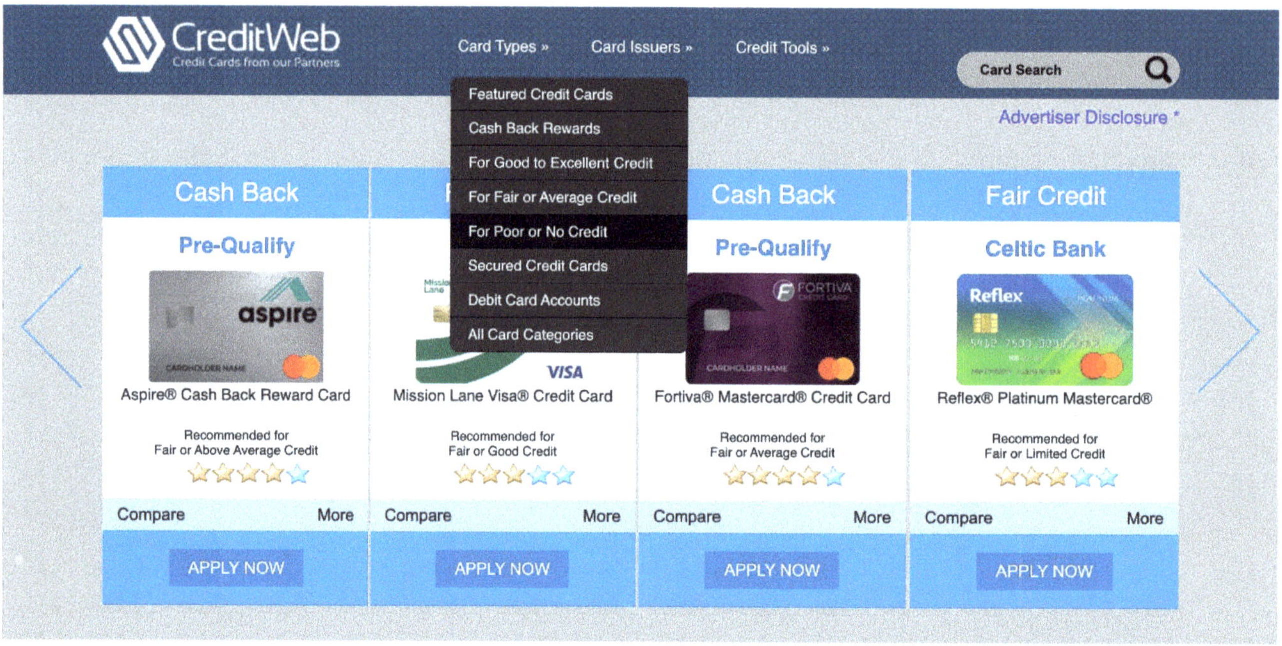

Gotita de Miel: Puedes consultar varias veces tu crédito si todas esas veces están dentro de 14 días a partir del primer día que se consultó el crédito y no afecta negativamente el puntaje más que una vez.

A continuación un ejemplo de cómo funciona la fórmula para **CREAR CRÉDITO** y obtener los puntajes más altos. ¡También está el formulario para tu uso y ejercicio con tu propio crédito para monitorear los resultados, seguir el mapa y **CREAR TU FORTUNA!**

Análisis de Tarjetas de Crédito Revolvente

INFORMACIÓN				
Nombre: CREANDO TU FORTUNA				
Burós de crédito:	**Experian ( )**	**TransUnion ( )**	**EquiFax ( )**	**Middle Score:**

Fecha Abierta	Nombre de la Tarjeta de Crédito	Límite Crédito	Crédito Usado	Comentarios
		$ 1,000	$ 300	30% son $300 y no debo gastar más al mes
		$ 500	$ 150	30% son $150 y no debo gastar más al mes
		$ 500	$ 150	30% son $150 y no debo gastar más al mes
		$	$	
		$	$	
Límite de Crédito en TODAS las tarjetas ===>		**$ 2,000**	**$ 600**	<=== Total de Crédito Usado en TODAS las tarjetas
	Multiplica	**X 30%**	Usa solo 30% del total de crédito para que los puntajes suban	
Máximo balance que deberías tener ===>		**$ 600**		
Si debes más del 30% que deberías de tener, paga ===>		$	Si mantienes los balances a menos del 30% los puntajes deberían de subir	

Tip para mejorar los puntajes de crédito

Si tienes menos de 3 tarjetas activas ve a: www.creditwww.com

TARJETAS VS FÓRMULA PARA CREAR EXCELENTES PUNTAJES

Tarjetas en el reporte de crédito	# de cuentas	% por tipo	Descripción del contenido en el crédito	Propuesta
¿Tienes más de 3 tarjetas?	Yes( ) No( )	**50%**	Por lo menos 3 "R" (Revolventes) deberían de estar abiertas	**Al menos 3**
¿Al menos una tarjerta abierta 2 años o más?	Yes( ) No( )	**20%**	Para tener historia permanente tiene que ser 2 años o más	**Al menos 1**
¿Al menos un préstamo en el crédito?	Yes( ) No( )	**20%**	Puede ser un auto o préstamo personal	**Al menos 1**
¿Sacaste el crédito en los últimos 6 meses?	Yes( ) No( )	**10%**	No deberías tener más de 3-4 consultas de crédito (inquiries) dentro de los últimos 6 meses	**Menos es Más**
Si dices SI a todas las preguntas tienes la fórmula		**100%**	Puedes sacar varias veces el crédito dentro de 14 días y no afecta el puntaje más que una vez	**¡PERFECTO!**

¡Empieza a hacer la tarea de este capítulo y así trazas el mapa que estamos realizando, únicamente necesitas las ganas y disciplina de hacerlo para mantenerte en curso y llegar a tu meta!

INFORMACIÓN				
Nombre:				
Burós de crédito:	**Experian ( )**	**TransUnion ( )**	**EquiFax ( )**	**Middle Score:**

LÍMITE DE CRÉDITO VS BALANCE				
Fecha Abierta	**Nombre de la Tarjeta de Crédito**	**Límite Crédito**	**Crédito Usado**	**Comentarios**
		$	$	30% son $ y no debo gastar más al mes
		$	$	30% son $ y no debo gastar más al mes
		$	$	30% son $ y no debo gastar más al mes
		$	$	
		$	$	

Límite de Crédito en TODAS las tarjetas ===>	**$**	**$**	<=== Total de Crédito Usado en TODAS las tarjetas
Multiplica	**X**	**30%**	Usa solo 30% del total de crédito para que los puntajes suban
Máximo balance que deberías tener ===>	**$**		
Si debes más del 30% que deberías de tener, paga ===>	$		Si mantienes los balances a menos del 30% los puntajes deberían de subir

Tip para mejorar los puntajes de crédito

Si tienes menos de 3 tarjetas activas ve a: www.creditwww.com

TARJETAS VS FÓRMULA PARA CREAR EXCELENTES PUNTAJES

Tarjetas en el reporte de crédito	# de cuentas	% por tipo	Descripción del contenido en el crédito	Propuesta
¿Tienes más de 3 tarjetas?	Yes( ) No( )	**50%**	Por lo menos 3 "R" (Revolventes) deberían de estar abiertas	**Al menos 3**
¿Al menos una tarjerta abierta 2 años o más?	Yes( ) No( )	**20%**	Para tener historia permanente tiene que ser 2 años o más	**Al menos 1**
¿Al menos un préstamo en el crédito?	Yes( ) No( )	**20%**	Puede ser un auto o prestamo personal	**Al menos 1**
¿Sacaste el crédito en los últimos 6 meses?	Yes( ) No( )	**10%**	No deberías tener más de 3-4 consultas de crédito (inquiries) dentro de los últimos 6 meses	**Menos es Más**
Si dices SI a todas las preguntas tienes la fórmula		**100%**	Puedes sacar varias veces el crédito dentro de 14 días y no afecta el puntaje más que una vez	**¡PERFECTO!**

II
¿Sabes que ganas suficiente dinero para ahorrar? ¡Si no me crees, te lo demostraré!

«Un centavo ahorrado es un centavo ganado».
BENJAMIN FRANKLIN

Planificar un presupuesto

¿Quién no quiere una casa? todas las personas quieren tener una. **¿Por qué entonces no todos la tienen?** Porque para comprarla o construirla necesitan dinero, el mayor obstáculo que se presenta. Adquirir una propiedad no es una tarea sencilla, pero tampoco requiere de fórmulas complejas, mucho menos de fórmulas mágicas. Lo primero que necesitas es contar con un presupuesto. En este paso es crucial ahorrar y contar con el dinero disponible para calificar para un préstamo hipotecario, centrándose en la importancia del presupuesto, el crédito, el enganche y los gastos de cierre.

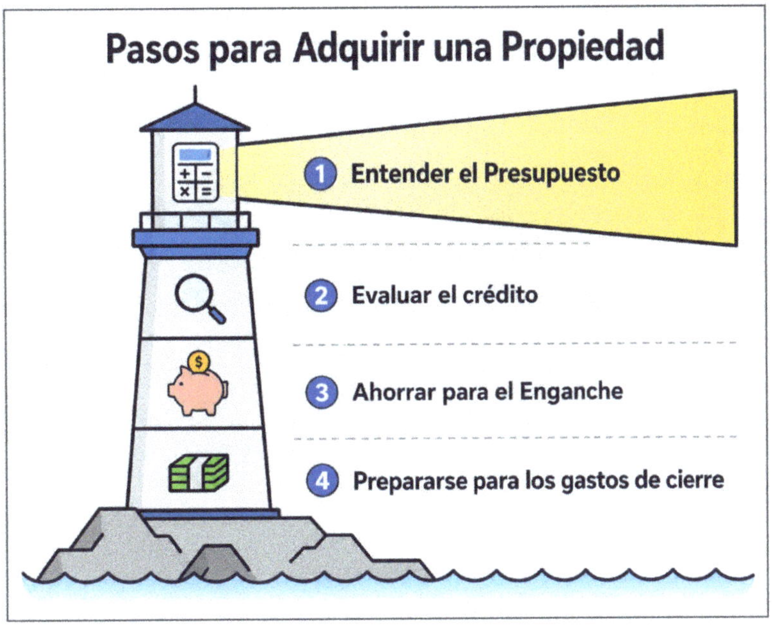

Cuando llegué a San Francisco, me di cuenta de que para tener una propiedad en esa ciudad necesitaba de mucho dinero. Para lograrlo, tenía que trabajar muchísimo y gastar lo mínimo. Sin embargo, esa meta estaba muy lejos de mi presupuesto, porque la ciudad tiene una dinámica económica que no me permitía ahorrar lo suficiente.

No veía futuro en San Francisco, así que me fui a Chicago para vivir con mi padre por un mes. Apenas llegué, conseguí empleo en un restaurante. Comenzaba a trabajar a la una de la mañana, no tuve más remedio que adaptarme a los horarios necesarios.

Desde el principio sabía que, calificar a un crédito hipotecario, necesitaba contar con un buen historial crediticio que me respaldara. Con esto en mente, comencé a trabajar en él y ahorrar. Ahorrar no fue tan complicado, ya tenía el hábito gracias a las enseñanzas de mi abuelita. Decidí elaborar mi propio presupuesto, con el fin de estimar mis ingresos y mis gastos durante un período determinado. Mi plan era organizar y controlar los recursos económicos para reducir al mínimo las excusas al banco de negarme el crédito.

Lo planifiqué siguiendo las enseñanzas de mi abuela, que consta de dividir en tres partes iguales mis ingresos, pero en realidad este plan no me funcionó. Destinar un 33% a cada rubro era imposible ya viviendo en Estados Unidos porque mis necesidades ya eran otras. Cuando estudiaba la secundaria no tenía que pagar arriendo, impuestos, ni servicios. Solo tenía que administrar el dinero para mis gastos personales, alimentación y trasporte.

Ahora tenía que pagar la renta, los servicios, la despensa, el entretenimiento, además de ahorrar. Por lo tanto, lo más realista sería destinar el 50% a todos esos gastos.

¡Menos, es más!

En Chicago me di cuenta de que necesitaba ahorrar lo máximo posible, considerando que en esa época tenía 19 años. Para lograrlo, decidí mudarme con mi hermano a un sótano por un costo menor al alquiler de un apartamento estándar. Con este cambio pude ahorrar parte del dinero destinado a la renta para el enganche de la primera propiedad.

En Chicago con 19 años viviendo en un sotano

Si vives en una propiedad alquilada, te recomiendo que consideres hacer algo similar. Te sugiero que alquiles una propiedad con el número de habitaciones realmente necesarias, eso te evitará pagar más de la cuenta. A veces hay que hacer sacrificios para alcanzar nuestras metas financieras, y esto fue algo que hice desde el principio para completar mi plan de comprar mi primera propiedad y empezar el ciclo de inversiones en bienes raíces.

¿Sabes cuál es la actividad que más nos llena de alegría? *¡Salir de compras!* Nos encanta gastar dinero en ropa, bolsos, zapatos y otras cosas, más aún cuando queremos comprar algo tan significativo como un inmueble. Si tienes pensado comprar una vivienda, te digo que no hay nada más valioso que gastar lo mínimo para lograr tu objetivo. No digo que no compres, lo que te digo es que no te dejes llevar por nombres de marcas, ni por tendencias de moda. Te aconsejo que ahorres dinero comprando en tiendas de segunda mano. En mi juventud tenía un estilo de vida tipo hippie que me encantaba y que me ayudó a ahorrar significativamente.

Durante diez años no compré artículos de marca porque para mí no tenía sentido gastar tanto dinero en ellos. Este estilo de vida tan austero me permitió ahorrar lo suficiente que me permitió acceder por un crédito hipotecario luego de dos años de vivir en Estados Unidos.

Son pasos sencillos pero fundamentales. En ocasiones, es necesario sacrificar nuestro estilo de vida actual haciendo los ajustes necesarios, como reducir gastos en artículos materiales innecesarios si se lo que queremos es alcanzar objetivos más grandes, hacer esto vale la pena. Puedes iniciar, como te dije antes, mudándote a un apartamento más pequeño para reducir gastos de renta o considerar la opción de mudarte con alguien que pueda pagar la mitad del arriendo y de los servicios. Lo importante es ahorrar, así que reduce todos tus gastos y busca la manera de optar por alternativas más económicas en cuanto a vestimenta, calzado y artículos materiales.

La fórmula 50-30-20

Como te mencioné anteriormente, en Chicago me di cuenta de que la fórmula de ahorros de mi abuela sí me funcionaba, pero no con esos mismos porcentajes. No podía destinar un tercio de mis ingresos a cada elemento de la ecuación financiera. Entendí que para lograr mis objetivos tenía que destinar 50% de mis ingresos para gastos de renta, pago de servicios y gastos generales. Así que destiné el 30% era para ahorrar, el 20% restante gastarlo en entretenimiento, este es un monto que a veces excedemos para tal fin. Por lo tanto, es fundamental ser disciplinados y contar con una guía detallada y con aplicaciones que faciliten estos cálculos, y que nos permitan diseñar nuestro propio plan hacia el éxito.

A mí me gusta explicar este punto con un ejemplo práctico. Imagina que conoces a una pareja que tiene previsto comprar una propiedad y que cuentan con un ingreso mensual de cinco mil dólares. Ahora, vamos a aplicar la fórmula implementando los porcentajes mencionados anteriormente: el ***50%*** *para renta, servicios y alimentos,* ***30%*** *destinado al ahorro* y el ***20%*** restante para *el entretenimiento.*

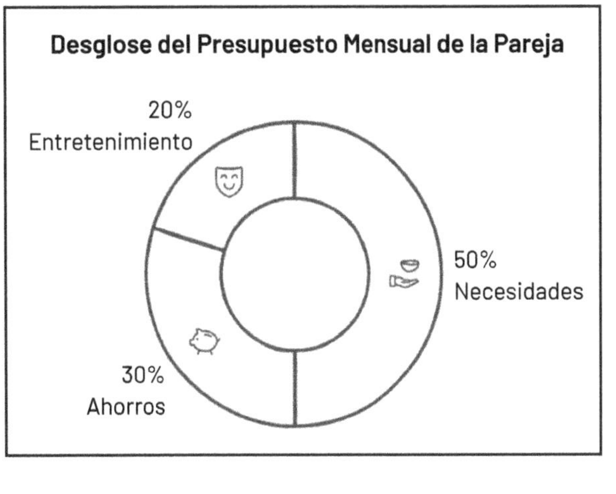

Desglose del Presupuesto Mensual de la Pareja

50% para renta, servicios y alimentos:
Cálculo: $\frac{\$5,000 * 50}{100} = \$2,500$

20% para entretenimiento:
Cálculo: $\frac{\$5,000 * 20}{100} = \$1,000$

30% para ahorros:
Cálculo: $\frac{\$5,000 * 30}{100} = \$1,500$

El resultado es el siguiente: de los $5,000 de ingreso familiar, $2,500 estarán destinados para gastos mensuales; $1,500 para ahorrar para los gastos de enganche y los gastos de cierre, y los $1,000 restantes para gastos de entretenimiento (incluso si puedes no gastarlo todo, este monto extra se va a ir al fondo de ahorros para la compra de tu propiedad.

Ahora analicemos los números de un ejemplo después de dos años de seguir este presupuesto, considerando que te hayas mantenido cerca de estos porcentajes de ahorro y hayas logrado acumular $18,000 USD anuales, por dos años se logró ahorrar $36,000 USD para el enganche y los gastos de cierre. Con este ejemplo, determinaremos cuánto podría calificar una pareja que gana $5,000 USD mensuales. Pero vamos por pasos:

Si Multiplicamos $5,000 USD por 12 meses, nos da un total de $60,000 USD de ingresos anuales que deberán reportarse al IRS[1] . Este punto es crucial, porque los bancos utilizan esta información para determinar si calificas o no para préstamos hipotecarios.

También debemos incluir la información generada por el uso de las tarjetas crédito, por eso la importancia que tiene hacer uso de ellas de forma responsable. Esto tiene como objetivo generar un historial positivo, evitando así acumular deudas. Si tienes deudas acumuladas en ella, deberás págalas antes de solicitar un préstamo hipotecario para que el banco entienda que el único pago mensual que tienes sea el de la hipoteca.

El radio ideal de deuda versus ingreso requerido por la FHA[2] es del 33%, conocido como «Front Ratio», y del 43% en cuanto a deuda total, denominado «Back Ratio», parámetros necesarios para poder calificar a créditos hipotecarios, aunque en los últimos años los bancos pueden hacer excepciones y llegar hasta el 37% en el front ratio y 56.99% en el back ratio.

¿Qué significa esto con un ingreso de $5,000 USD? Una persona con este ingreso podría calificar para un préstamo hipotecario de aproximadamente $1,650 USD mensuales, incluyendo principal, intereses, seguro y PMI (seguro hipotecario privado, requerido por la FHA). Este sería el «Front Ratio» necesario para calificar. Con estos $5,000 USD mensuales, tendrían la posibilidad de calificar para una propiedad valorada en $180,000 USD, con una tasa de interés estimada del 6.5%. El pago inicial sería de $6,300 USD, equivalente al 3.5% del precio de venta, que es el mínimo requerido por la FHA. Aunque actualmente existen bancos que ofrecen financiamiento del 100% después de la pandemia para apoyar a los aspirantes a compradores, en este caso será prudente considerar la reservación del pago inicial. Aun así, debes tener en cuenta los gastos de cierre o gastos notariales, que rondarían por los $11,724.75 USD, que es aproximadamente el 6% del valor del préstamo, lo que resulta en un gasto total de $18,024.75 USD.

---

1 El IRS (*Internal Revenue Service*, en español Servicio de Impuestos Internos) es la agencia gubernamental de los Estados Unidos responsable de la recaudación de impuestos y la aplicación de las leyes fiscales federales. Depende del Departamento del Tesoro de los Estados Unidos y tiene su sede en Washington, D.C.

2 El FHA (Federal Housing Administration, en español Administración Federal de la Vivienda) es una agencia gubernamental de los Estados Unidos creada en 1934 como parte del Departamento de Vivienda y Desarrollo Urbano (HUD). Su principal objetivo es facilitar el acceso a la vivienda para las personas, especialmente para aquellos con ingresos moderados o bajos, mediante la garantía de préstamos hipotecarios.

La diferencia de todo el dinero que ahorraste, que fueron $36,000 USD menos $18,024.75 USD que fueron tus gastos de cierre, equivale a $17,975.25 USD y eso es lo que vas a usar para tu fondo de contingencia. Guardar de seis a ocho meses de la mensualidad, que son $1,650 USD. Digamos que únicamente apartas seis meses, serían $9,900 USD que guardarás por si se presenta algún imprevisto, ya que no puedes atrasarte en los pagos del crédito, y el resto que es $8,075.25 lo puedes usar para remodelar la propiedad y darle más valor a tu propiedad, y recuerda que el máximo valor que les da plusvalía a las propiedades es la cocina y el baño.

Manual al ÉXITO

¡Tu éxito es nuestra misión!

CAPITULO #2

¿Sabías que ganas suficiente dinero para ahorrar?

WWW.CREAFORTUNAS.COM

@creafortunas

Bienvenido (a) nuevamente a tu **Manual al Éxito**, ahora en el **Capítulo #2**, donde vamos a concentrarnos en la importancia de tener un presupuesto, ya que es fundamental saber a dónde se está yendo nuestro dinero cada mes y dónde podemos cortar gastos para tener dinero para ahorrar y así entrar al sistema financiero que es el primer gran paso para **¡Crear Fortunas!**

¿Sabías que ganas lo suficiente para ahorrar? Así es, no importa cuánto ganes, si quieres ahorrar, puedes hacerlo haciendo algunos cambios en tus gastos mensuales y cambios en tus hábitos financieros. Aquí te voy a dar toda la información que te ayudará a ver tu foto financiera claramente.

A continuación, te presento el ejemplo del capítulo #2 con las gráficas que te indican los porcentajes ideales para dividir tu ingreso en 3 partes importantes con un ingreso de $5,000 para que en la aplicación en excel hagas tu propio ejercicio de ingreso, gastos, ahorros, estimado de compra, enganche, gastos de cierre, dinero para fondo de contingencia y dinero para reparaciones.

PRESUPUESTO

EJEMPLO DE INGRESO
$5,000 AL MES

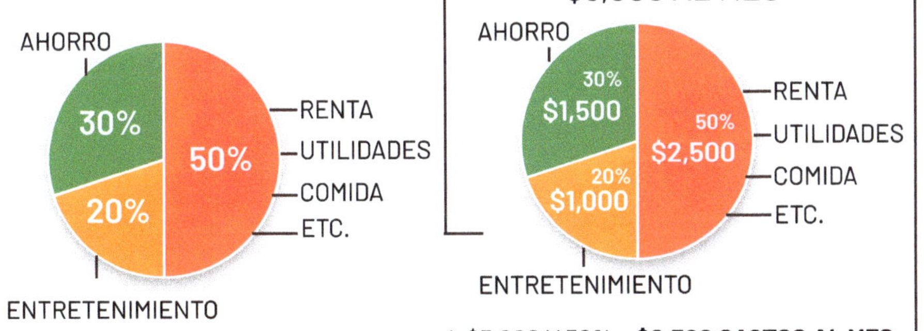

1. $5,000 X 50% = **$2,500 GASTOS AL MES**
2. $5,000 X 30% = **$1,500 AHORRO AL MES**
3. $5,000 X 20% = **$1,000 ENTRETENIMIENTO AL MES**

AHORROS **30%**

$1,500 X 12 meses
= **$18,000** al año

$18,000 X **2 años**
= $36,000

$36,000

Con ahorros del 30% del ingreso a los 2 años serán $36,000 que nos alcanza para los gastos de la compra:

- ✓ Enganche.
- ✓ Gastos de Cierre.
- ✓ 6 meses de ahorro de contigencia.
- ✓ Reparaciones de la casa.

Gotita de Miel: *Si no compras ropa o accesorios de marca puedes ahorrar muchísimo dinero anualmente para completar el fondo para comprar tu primera propiedad* ***¡Es un sacrificio temporal con grandes beneficios como empezar a Crear tu Fortuna apalancándote del sistema financiero!***

2 AÑOS DÉSPUES TENEMOS

- **2 AÑOS** de crédito.
- **AHORROS** de **$36,000** (en ejemplo).
- **2 AÑOS** de impuestos reportados.

VEAMOS UN EJEMPLO:

$ 5,000	Ingreso **MENSUAL**
X **12**	MESES
= **$60,000**	Ingreso anual **REPORTADO** al **IRS**

Programa para **COMPRADORES** por 1ra vez (FHA)
(1st TIME HOME BUYER FHA)

33% PROMEDIO de gastos de hipoteca
37% PROMEDIO de gastos de hipoteca + Crédito

$ 5,000	**INGRESO.**
X **33%**	**FHA** promedio de gastos hipotecarios.
= **$ 1,650**	**Máximo** pago mensual.

$1,650 INCLUYE
(Principal, Interés, Impuestos, Seguro, PMI).

Este **PAGO DE HIPOTECA** estima un interés al **6.5%**

¿PARA CUÁNTO CALIFICA UN INGRESO DE $ 5,000 ?
PRECIO DE COMPRA $ 180,000

$180,000	Precio de **COMPRA**
X **3.5%**	% de **ENGANCHE**
= **$ 6,300**	**ENGANCHE** para **FHA**

$ 180,000	Precio de **COMPRA**
X **96.5%**	% Prestamo **HIPOTECA**
= **$ 173,700**	Prestamo **HIPOTECA**

$ 173,050	Prestamo **HIPOTECARIO**
X **6%**	**GASTOS** de cierre (Estimado)
= **$ 10,422**	**GASTOS DE CIERRE**

Gotita de Miel: *¿Sabías que si reduces o eliminas (temporalmente) gastos de restaurantes, café en la calle, bebidas en bares, etc., tendrás suficiente dinero para ahorrar? Recuerda que* ***¡Un sacrificio temporal te dará grandes beneficios en sólo 2 años, pues podrás comprar esa propiedad que te ayudara a Crear Fortunas!***

Entonces veamos un resumen...

RESUMEN DE GASTOS

+	$ 6,300	3.5% ENGANCHE
	$ 10,422	6% GASTOS DE CIERRE
=	$ 16,722	9.5% TOTAL GASTOS PARA COMPRAR

30% AHORROS EN 2 AÑOS

–	$ 36,000	AHORROS 2 AÑOS
	$ 16,722	GASTOS DE CIERRE + ENGANCHE
=	$ 19,278	AHORROS ACTUAL

FONDO DE CONTINGENCIA

$ 1,650	PAGO MENSUAL
X 6	MESES
= $ 9,900	TOTAL 6 MESES

REPARACIONES

	$ 19,278	AHORROS
–	$ 9,900	6 MESES DE FONDO
	$ 9,378	PARA REPARACIONES

Gotita de Miel: *¿Gastas más del 50% en renta, servicios y gastos de comida? A veces tenemos que sacrificar desde mudarnos de propiedad (a una más pequeña, rentar un cuarto a "roommates"), o cambiarnos de una ciudad cara a una más barata, o incluso cambiarte de un estado con impuestos estatales a uno que no tenga impuestos, etc.*

Todos estos pequeños pero significativos cambios contribuyen a que gastes dentro del % máximo en cada parte del presupuesto que te propongo para poder entrar al sistema financiero y Crear tu Fortuna.

DESCARGA EL **FORMULARIO COMPLETO**

Haz tu propio ejercicio con tus propios números de ingreso, gastos, ahorros, estimado de compra, enganche, gastos de cierre, dinero para fondo de contingencia y dinero para reparaciones.

¿Que incluye el formulario?

- Información personal y financiera.
- Cálculo de hipoteca.
- Gastos mensuales del hogar.
- Ejercicio de flujoode dinero.
- Plan de acción y seguimiento.

ESCANEA EL CÓDIGO QR
PARA DESCARGAR EL ARCHIVO COMPLETO Y EDITABLE

¡Es Gratis!

El formulario tiene 4 paginas y está en formato editable para que lo personalices.

VISTA PREVIA

Primera pagina del formulario

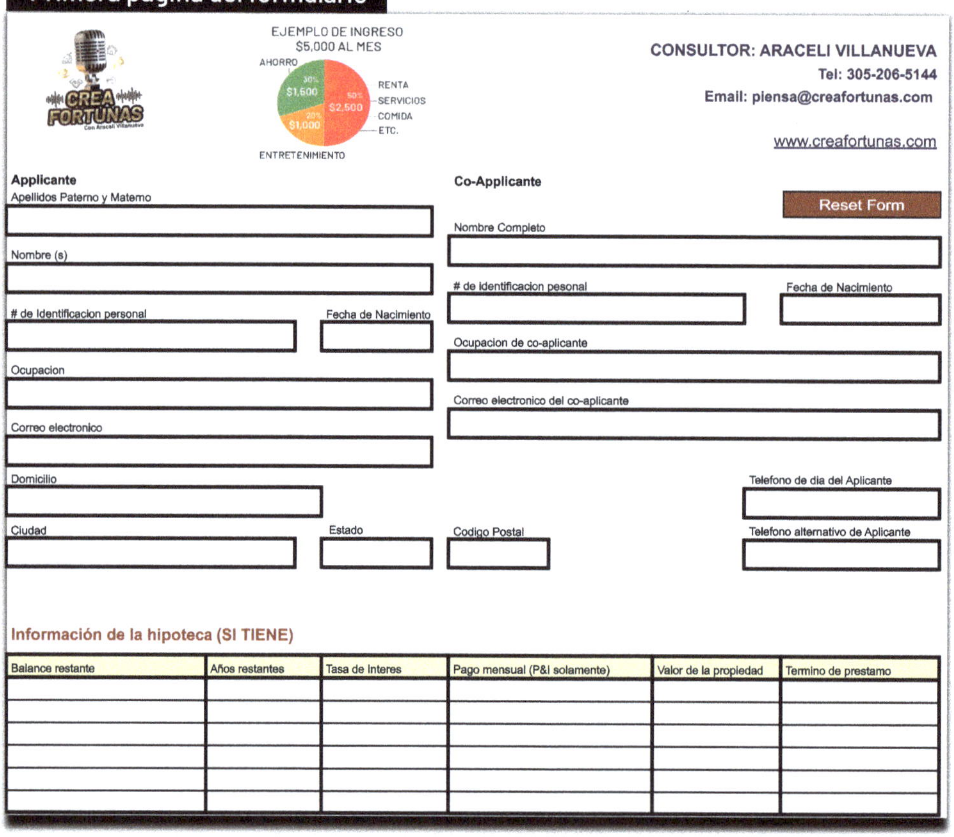

EJEMPLO DE INGRESO $5,000 AL MES
AHORRO 30% $1,500 | 50% $2,500 RENTA, SERVICIOS, COMIDA, ETC. | 20% $1,000 ENTRETENIMIENTO

CONSULTOR: ARACELI VILLANUEVA
Tel: 305-206-5144
Email: piensa@creafortunas.com
www.creafortunas.com

Applicante
Apellidos Paterno y Materno
Nombre (s)
de Identificacion personal — Fecha de Nacimiento
Ocupacion
Correo electronico
Domicilio
Ciudad — Estado — Codigo Postal

Co-Applicante
Reset Form
Nombre Completo
de identificacion pesonal — Fecha de Nacimiento
Ocupacion de co-aplicante
Correo electronico del co-aplicante
Telefono de dia del Aplicante
Telefono alternativo de Aplicante

Información de la hipoteca (SI TIENE)

Balance restante	Años restantes	Tasa de Interes	Pago mensual (P&I solamente)	Valor de la propiedad	Termino de prestamo

TIP: Completa el formulario con calma y honestidad. Es el primer paso para tomar el control de tu dinero y construir el futuro que deseas.

III
¿Sabes cuál es tu tasa de impuestos «Tax Bracket»?

«Los impuestos son el precio que pagamos por una sociedad civilizada».

OLIVER WENDELL HOLMES JR.

De la austeridad al sueño americano.

Hasta ahora te he dicho cómo fue mi llegada a EE. UU. y que, gracias a un buen presupuesto económico de mis ingresos, aprendí a sacarle el máximo provecho a cada centavo que caía en mis manos. ¿De qué te sirve conocer esta parte de mi historia? Con ello te evito a caer en la incertidumbre, te ayudo a planificar tus gastos, sin que pierdas el sueño en hacerlo. Puedo asegurarte que, si sigues los consejos que te voy a compartir, podrás alcanzar el sueño americano, tal como lo logré yo.

Como ya sabes, hice sacrificios significativos, renuncié a parte de mi entretenimiento y a la compra de cosas nuevas, incluso viví con mi hermano en un sótano durante aproximadamente un año y medio. Sin embargo, no puedo quejarme de ello, por el contrario, fueron años fundamentales para mi progreso financiero. Finalmente, logré mudarme a una casa propia donde viví sin costo alguno, ya que los inquilinos del dúplex donde vivía me pagaban el alquiler de la propiedad.

Este logro fue para mí una revelación, había alcanzado un hito importante en mi vida financiera. No tuve que comprometer mi calidad de vida después de comprar mi casa, pero quizás tú debas considerar sacrificar los primeros años al seguir este plan.

Tal vez tengas muchos años en Estados Unidos y apenas estás descubriendo los pasos correctos a seguir para lograr estabilidad financiera. No te sientas mal por eso, tu historia de vida no es igual que la mía, lo importante es que estoy aquí para ayudarte sin juicios de valor. Lo que realmente importa es que alcances estabilidad financiera y puedas vivir cómodamente el resto de tu vida.

El pago de impuestos significa más oportunidades

Ahora, hablemos sobre impuestos. En EE. UU. y en la mayor parte del mundo, es crucial declarar al IRS todos tus ingresos, ya que estos son la base sobre la cual los bancos evalúan tu elegibilidad y hasta cuanto calificas para préstamos.

A continuación, te explicaré las diferencias clave en la forma en que se manejan los impuestos, comenzando con el formulario W-2, utilizado por empleados que trabajan para empresas.

Este formulario permite que los impuestos se retengan automáticamente en cada cheque de pago, ya sea semanal, quincenal o mensual. El IRS nos exige a todos cumplir con estas obligaciones fiscales que incluyen el FICA[3]: Medicare, Seguro Social y, si vives en un estado con impuestos estatales, estos también se aplican.

Todos pagamos impuestos federales ¿verdad?; sin embargo, la diferencia para un empleado que recibe un W-2 es que los impuestos se retiran por adelantado por el empleador, quien está obligado a reportar estos pagos al IRS. Mi objetivo es que, mientras lees esto, te conviertas en un empresario, incluso si actualmente eres empleado con un W-2. Esta transición te abrirá nuevas oportunidades y te permitirá aprovechar los beneficios que el IRS específicamente diseñado para empresarios.

¿Sabías que el IRS fue creado para beneficiar a los empresarios y no tanto a los empleados? Yo pude entenderlo apenas registré mi primera empresa, ahora quiero que tú también lo entiendas tanto o mejor que yo.

Es importante saber que el código del IRS ofrece más de 400 beneficios diferentes para pequeñas empresas que permiten deducciones fiscales significativas e incluso la posibilidad de no pagar impuestos. Muchas veces, nuestra comunidad latina, incluso aquellos que son pequeños empresarios, no aprovechan estas oportunidades.

Pero por ahora regresemos al tema de los impuestos relacionados con la calificación para comprar una casa. Como mencioné, al calcular tus impuestos, se restan las deducciones desde el principio. ¿Crees que los solteros reciben más o menos deducciones?, veamos un ejemplo.

Tenemos a Joshua, mi hijo, quien forma parte de mi equipo. Es joven y soltero, sin dependientes económicos. Esto significa que, en términos fiscales, no recibe las mismas ventajas que aquellos con dependientes, como quienes son padres con uno o dos hijos. Las personas con dependientes reciben beneficios fiscales que reducen sus impuestos. En contraste, los solteros sin hijos pagan impuestos al máximo, especialmente si tienen altos ingresos.

Para este 2025 (y como cada año), hay cambios en las tablas de impuestos, lo cual es beneficioso porque aumentan los montos de los rangos impositivos, conocidos como «Tax Brackets». Permíteme darte algunos ejemplos para que entiendas cómo funcionan estos impuestos. Los presentaremos en una tabla que podrás ver en nuestro **programa de YouTube®** para ilustrarte con ejemplos concretos.

---

[3] FICA (*Federal Insurance Contributions Act*, en español Ley de Contribuciones para el Seguro Federal) es una ley federal de los Estados Unidos que establece los impuestos sobre la nómina que financian dos programas sociales clave.

Para un soltero o soltera que gana entre $0 USD y $11,925 USD, ¿cuánto crees que pagan en impuestos? Solo el 10%. Este es el porcentaje aplicable a ingresos dentro de ese rango. Para ingresos entre $11,926 USD y $48,475 USD, el siguiente rango impositivo es del 12%. Esto representa un aumento respecto al año anterior, cuando el límite inferior era de $47,150 USD. Estos ajustes ocurren anualmente porque el IRS modifica las reglas fiscales para adaptarse a las condiciones económicas y maximizar sus beneficios.

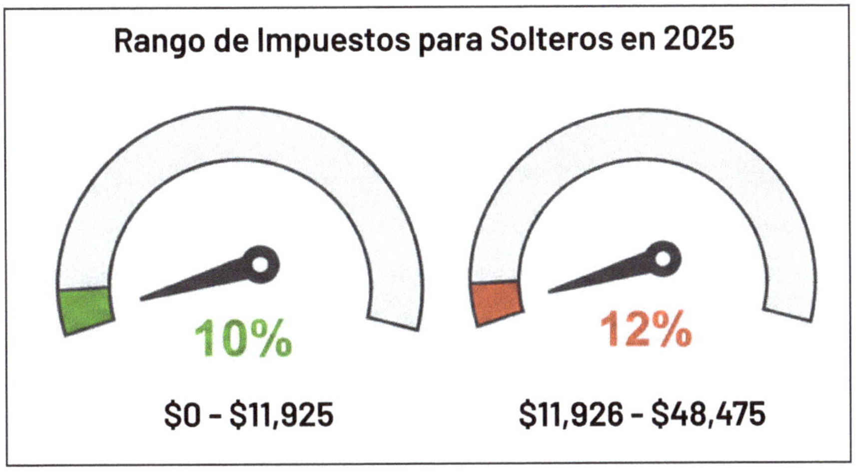

Es fundamental comprender que, al igual que descubrimos cómo utilizar el sistema financiero en nuestro beneficio, también podemos administrar nuestros impuestos con astucia para minimizarlos o incluso no pagar nada. Este conocimiento es especialmente relevante si estás considerando convertirte en emprendedor o empresario, ya que el código del IRS ofrece diversas ventajas legales para quienes manejan negocios propios.

Es natural sentir cierto malestar al pagar impuestos, pero es posible reducirlos estratégicamente. Preferiría pagar tan poco como Donald Trump, quien en algunos años ha reportado pagar cantidades simbólicas o incluso nulas. A lo largo de los años, hemos asesorado a clientes que, a pesar de ganar sumas considerables, terminan pagando impuestos mínimos, a veces alrededor de $300 USD. Este es el tipo de resultados que espero lograr contigo.

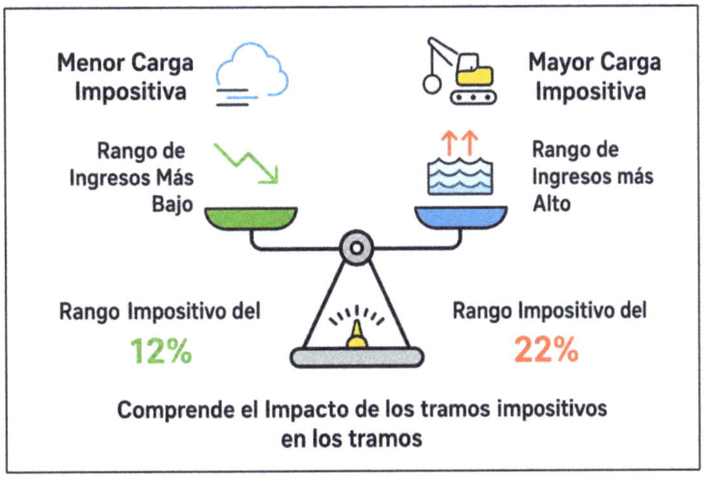

¿Cuál es el siguiente rango impositivo? Vamos a explorarlo juntos. El siguiente tramo es del 22%, aplicable a ingresos que van desde $48,476 USD hasta un considerable $103,350 USD. Este límite ha subido significativamente desde el año anterior, que era de $100,525 USD. Acá te dejo una guía de los Tax Brackets del 2025 para que identifiques donde estas tú, también te dejo un formulario donde puedes poner tu información personal para revisar tus finanzas y plasmar para que veas la situación financiera actual y planear de acuerdo con ello.

Tax Rate	For Single Filers	For Married Individuals Filing Joint Returs	For Heads of Households
10%	$0 to $11,925	$0 to $23,850	$0 to $17,000
12%	$11,925 to $48,475	$23,850 to $96,950	$17,000 to $64,850
22%	$48,475 to $103,350	$96,950 to $206,700	$64,850 to $103,350
24%	$103,350 to $197,300	$206,700 to $394,600	$103,350 to $197,300
32%	$197,300 to $250,525	$394,600 to $501,050	$197,300 to $250,500
35%	$250,525 to $626,350	$501,050 to $751,600	$250,500 to $626,350
37%	$626,350 or more	$751,000 or more	$626,350 or more

Esto significa que tus impuestos pueden aumentar a medida que tus ingresos entran en estas categorías más altas.

Es esencial comprender cómo estos tramos afectan tus finanzas si eres empleado con un formulario W-2. Como empleado, tu empleador retiene automáticamente estas deducciones y las remite al IRS. Además, existen «Brackets» adicionales, como los límites del Seguro Social, que solo se requiere contribuir hasta cierta cantidad de tus ingresos. Si superas este límite, ya no tendrás que pagar más para el seguro social.

En el capítulo anterior, discutimos el caso de una pareja que ganaba $5,000 USD. Utilizamos este ingreso bruto para ilustrar cómo se podría calcular un presupuesto, aunque no se tomaron en cuenta los porcentajes de impuestos aplicables. Es crucial calcular tu ingreso neto después de impuestos, es decir, el dinero que realmente tienes disponible para gastar o ahorrar después de cumplir con tus obligaciones tributarias.

Si ya revisaste el capítulo anterior y lo aplicaste a tu vida financiera es posible que hayas notado que te queda menos dinero disponible después de impuestos de lo que inicialmente calculaste. Esto es común debido a las deducciones y retenciones fiscales aplicables. Para rectificar esto, es importante realizar cálculos precisos basados en tu ingreso neto real. No dejes de practicar estos ejercicios financieros.

Aunque no lo creas, este conocimiento te permitirá invertir sabiamente en tu propio beneficio y en la creación de tu fortuna. Es crucial entender que este proceso; implica tener un guía que te acompañe en cada paso del camino mientras adquieres dominio de tu dinero. Personalmente, me siento muy emocionada al compartirlo contigo. Al principio, confieso que los impuestos me parecían complicados.

Descubrí la importancia de pagar a tiempo, especialmente las deudas que afectan mi puntaje crediticio. Mantener un presupuesto meticuloso me enseñó el rumbo que tiene cada dólar que llega a mi bolsillo, así puedo tener el control sobre mis finanzas.

Si aprendes a controlar tu dinero, a cubrir sabiamente tus gastos, siempre tendrás dinero para invertir. Si sigues los consejos que te estoy brindando, podrás alcanzar ese sueño americano, tal como lo he logrado. No fue fácil; implicó sacrificios, como renunciar a ciertos entretenimientos y vivir en condiciones más modestas durante un par de años. Sin embargo, esos años fueron una de las mejores inversiones en mi vida financiera. Mudarme a una casa propia, donde incluso pude vivir prácticamente gratis al rentar una parte, fue un hito significativo.

No está mal sacrificar los primeros años para establecer este plan financiero con firmeza. Incluso si llevas muchos años en Estados Unidos y apenas estás descubriendo los pasos correctos, es alentador saber que siempre es posible comenzar de nuevo.

Repara tu récord crediticio

¿Sabías que es posible reparar tu historial crediticio, pese a tener más manchas que un perro dálmata? Si tienes reposiciones de autos o pagos tardíos, te digo que existen métodos efectivos para mejorar tu crédito, y nunca es demasiado tarde para empezar. Miembros de mi familia, por ejemplo, cuando vieron mi ejemplo de que tan fácil fue para mi comprar después de cuarenta años de vivir en este país, finalmente decidieron dar el paso y comprar sus propios inmuebles.

Todos tenemos la oportunidad de alcanzar nuestros sueños financieros y personales. A través de la educación financiera y la disciplina, puedes transformar tu situación económica y asegurar un futuro próspero. Este viaje no solo se trata de ganar dinero, sino de aprender a manejarlo sabiamente para construir la vida que deseas y seguir tu sueño americano.

Personalmente, apenas llegué a Estados Unidos, me di cuenta de esta oportunidad y me comprometí a seguir cada paso necesario. Valoro mucho a las personas que me guiaron y respondían sin mezquindad cada pregunta que les hacía y que me permitían avanzar de manera segura y efectiva. Hoy comparto contigo toda esta valiosa información y experiencia para ahorrarte tiempo. En la era digital, existe una avalancha de información en internet, pero discernir lo que es correcto y efectivo puede ser desafiante. No todas las fuentes en línea son confiables; muchas veces, la información está sesgada para obtener más visualizaciones o likes en redes sociales como TikTok.

Aquí, el enfoque es diferente porque te oriento en cada paso y te brindo la información precisa a través de un **Manual al Éxito** que se desarrolla en algunos capítulos. ***Mi objetivo es claro: ayudarte a construir tu fortuna de manera segura y efectiva.***

Manual al ÉXITO

¡Tu éxito es nuestra misión!

CAPITULO #3

¿Sabes cuál es tu tasa de impuestos "Tax Bracket"?

WWW.CREAFORTUNAS.COM

@creafortunas

Bienvenido (a) a tu **Manual al Éxito**, en el **Capítulo #3** hablaremos de los impuestos, descubrirás cuál es tu tasa de impuestos federales, cómo funciona cuando te pagan con W-2 y te retiran directo de la nómina el "FICA", de esta manera sabrás cuál es tu ingreso ordinario para pagar impuestos federales.

Cuando conoces toda esta información, tienes la posibilidad de tener una perspectiva muy amplia y detallada de tus ingresos e impuestos de tal manera que puedas ejecutar planes para mejorar tus finanzas y estar listos para entrar al sistema financiero. Éste es el primer gran paso para **¡Crear Fortunas!**

A un empleado con W-2 le son retenidos los siguientes impuestos de su nómina:

FICA TAX	IMPUESTO AL EMPLEADO	LÍMITE DE INGRESO EN EL 2025
SEGURO SOCIAL TAX	**6.2%**	**$176,100**
MEDICARE	**1.45%**	
TOTAL	**7.65% y el otro 7.65% lo paga el empleador para un total de 15.3%**	

También pueden ser considerados: Medicare adicional, FUTA, deshabilitado, del Estado y/o local.

Adicionalmente a los impuestos sobre nómina anteriormente mencionados, se deben pagar los impuestos federales de acuerdo con tu ingreso y la manera de declarar los impuestos (estado civil). Los siguientes ejemplos NO consideran algún crédito por niño si tienes hijos, ni otros créditos a los que puedas calificar.

Gotita de Miel: ¿Sabías que como W-2 puedes deferir los impuestos que pagarías ahora hasta el momento en que te retires? Participar en el 401K es uno de los pocos beneficios que existen para reducir el ingreso neto ordinario que está sujeto a pagar impuestos. Si tu empleador lo ofrece, es recomendable maximizar lo que se permite contribuir al 401k, en 2023 es $22,500. Esto se recomienda a quien gane suficiente y se encuentre en los rangos de impuestos más altos (del 24% al 37%)

2024 Rangos de Impuestos Federales

RANGO DE IMPUESTOS /TASA	SOLTERO	CASADO DECLARANDO JUNTOS
37%	$609,350 o más	$731,200 o más
35%	$243,726 - $609,350	$487,451 - $731,200
32%	$191,951 - $243,725	$383,901 - $487,450
24%	$100,526 - $191,950	$201,051 - $383,900
22%	$47,151 - $100,525	$94,301 - $201,050
12%	$11,601 - $47,150	$23,201 - $94,300
10%	$11,600 o menos	$23,200 o menos

Los casados que presentan la declaración por separado pagan la misma tarifa que los solteros.

Fuente: Servicios de Impuestos Internos

Gotita de Miel: Tener dependientes económicos ayuda a reducir la cantidad de dinero que te retienen de la nómina si te pagan por W-2, los dependientes económicos pueden ser padres, hijos y familiares que tengan seguro social que dependen de nuestra ayuda económica. ¡Así te queda más dinero de tu ingreso neto para hacer tu presupuesto y empezar a Crear tu Fortuna apalancándote del sistema financiero!

IV
¿Sabes cómo funciona el interés simple?

«La dificultad no radica en las nuevas ideas, sino en escapar de las viejas, que se ramifican... hasta en las cosas más simples, como el interés».

JOHN MAYNARD KEYNES

La base de las finanzas

¿Sabías que los bancos te ofrecen una variedad de productos financieros que pueden convertirse en una herramienta poderosa si se usan correctamente? En este capítulo te diré cuáles son y cómo funcionan para que no te sientas abrumado por los intereses o pagos tardíos, ni tengas que verte atrapado en un ciclo de deudas que afecten negativamente tu crédito y limite tus opciones dentro del sistema financiero.

Vamos a explorar los tres tipos de interés fundamentales que juegan un papel crucial en el mundo financiero y aprenderemos cómo aprovecharlos de manera estratégica:

- Interés simple
- Interés compuesto
- Interés amortizado

Comenzaremos por el interés simple, que es esencial para comprender préstamos personales, líneas de crédito y otras formas similares de financiamiento. Una característica singular de este tipo de interés es que el banco cobra el interés anualmente, pero cada mes el saldo total baja por el pago al capital que se paga mensualmente así que en el siguiente mes el saldo es menor que el mes anterior y se reajusta el pago al interés cada mes, no cada año.

Para comprenderlo mejor, imagina que compras un automóvil a crédito valorado en $50,000 USD con un plazo de 36 meses para pagar, la tasa de interés simple es del 10% anual; el cálculo se hace mensual del saldo que queda del mes anterior, pero para hacer el ejemplo sencillo digamos que se paguen $5,000 USD en intereses por el primer año y se recalcula la deuda al monto que queda y en el año 2 se hace el mismo cálculo con el nuevo monto de deuda y así sucesivamente.

Interés total año 1 = $5,000/12 = $416.66. Además del interés por supuesto el pago más grande de la mensualidad se va al principal que en este ejemplo calculamos.

Crédito= $50,000 /3 años = $16,666 / 12 = $1,388 para el principal
$416.66 + $1,388 = $1,805.49 el pago mensual por el primer año.

Se recalcula el interés para el año 2 con el saldo restante:
Interés total año 2 = $33,334 x 10% = $3,334 / 12 = $277.78 y así sucesivamente.

TIP: Para tener un pago mensual cómodo y bajo mi recomendación es que optes por un préstamo más largo, como uno de siete años, en lugar de opciones más cortas, ya que esto reduce significativamente los pagos mensuales y te proporciona flexibilidad financiera para otras estrategias.

Con cada año que pasa, la proporción del pago destinado al interés disminuye gradualmente, mientras que la porción destinada al principal aumenta, acelerando el repago de la deuda.

En capítulos futuros, exploraremos otros tipos de interés, como el compuesto y el amortizado, para entender cómo se aplican en diferentes contextos financieros. Cada capítulo se centrará en un tipo específico de interés para garantizar una comprensión profunda y clara.

Para cerrar, recuerda que el interés simple es una herramienta financiera básica pero poderosa. A medida que avancemos, exploraremos cómo los otros tipos de intereses, como el compuesto y el amortizado, se aplican en diferentes contextos financieros para maximizar su eficacia.

NO SE TRATA DE CUÁNTO GANAS, SINO DE CUÁNTO CONSERVAS. ENTIENDE TU **TAX BRACKET** Y *PAGA LO JUSTO, NI MÁS NI MENOS.*

Manual al ÉXITO

¡Tu éxito es nuestra misión!

CAPITULO #4

¿Sabes cómo funciona el interés simple?

WWW.CREAFORTUNAS.COM

@creafortunas

Bienvenido (a) a tu **Manual al Éxito**, en el **Capítulo #4** nos vamos a concentrar en aprender cómo funciona el interés simple pues es indispensable comprender el funcionamiento de los diferentes tipos de interés para poder aplicar ese conocimiento y tomar ventaja del sistema financiero apalancándonos del dinero de otros (OPM) mejorar tus finanzas y estar listos para entrar al sistema financiero. Éste es el primer gran paso para **¡Crear Fortunas!**

A continuación, vamos a ver cómo funciona el interés simple y cómo lo calcula el banco para cobrar este tipo de interés:

El interés simple es aquél que se usa para calcular préstamos cortos:

- Préstamos para Autos
- Préstamos Personales

El pago que se designa desde el principio del préstamo es el mismo durante todos los meses que se tenga el préstamo.

Este tipo de interés nos va a ayudar a realizar estrategias donde nos apalancaremos de todos los productos financieros que nos ofrecen los bancos y así pagar lo menos posible de nuestro dinero, poder invertir y crear cash flow.

A continuación un ejemplo para calcular el interés mensual de un préstamo de un auto con préstamo inicial de $50,000

Gotita de Miel: Para tener pagos bajos mensualmente y que sean cómodos, te recomendamos que elijas el tiempo más largo que ofrezca el banco de financiamiento. De esta manera el pago queda bajo y el resto que hubieras pagado en un pago mas alto porque el pago es mas corto se invierte para multiplicarlo.

Auto Loan Calculator

Modify the values and click the Calculate button to use

Total Price | **Monthly Payment**

Auto Price	$50000
Loan Term	60 months
Interest Rate	10 %
Down Payment	0
Trade-in Value	$0
Your State	Florida
Sales Tax	0 %
Title, Registration and Other Fees	$0

☐ Include All Fees in Loan

Calculate

Monthly Pay: $1,062.35

Total Loan Amount	$50,000.00
Upfront Payment	$0.00
Total of 60 Loan Payments	$63,741.13
Total Loan Interest	$13,741.13
Total Cost (price, interest, tax, fees)	$63,741.13

Find Average Tax Rate and Fees in Your State.

Amortization Graph

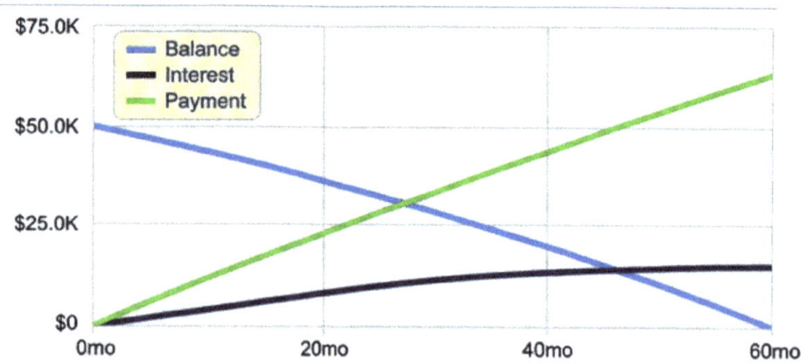

Loan Breakdown

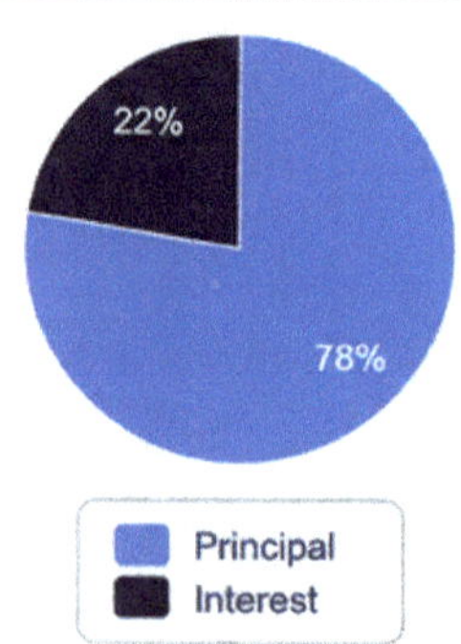

Annual Amortization Schedule

Annual Schedule | Monthly Schedule

	Beginning Balance	Interest	Principal	Ending Balance
1	$50,000.00	$4,634.82	$8,113.38	$41,886.59
2	$41,886.59	$3,785.23	$8,962.97	$32,923.61
3	$32,923.61	$2,846.70	$9,901.50	$23,022.08
4	$23,022.08	$1,809.89	$10,938.31	$12,083.73
5	$12,083.73	$664.50	$12,083.70	$0.00

Esta herramienta es una simulación y los resultados pueden variar.
Consulta con tu entidad financiera para obtener información exacta.

Te dejamos el enlace para que hagas ejercicios con tu propio auto o algún auto que quieras comprar y quieras ver cuánto sería el pago mensual.

Escanear el QR para abrir la aplicación

Este fue un capÍtulo para enforcanos en cómo funciona el interés simple que como su nombre lo dice es super fácil de entender y nos servirá para cuando más adelante te diga que obtengas préstamos de interés simple, compuesto y amortizado y cómo los podemos utilizar para apalancarnos de OPM y así empezar a **Crear tu Fortuna.**

V
El interés compuesto: lo malo y lo bueno

«Mi vida ha sido un producto del interés compuesto».

WARREN BUFFETT

Juego de intereses

Después de casi dos años de vivir en los Estados Unidos, con esfuerzo y ahorro, compré mi primera vivienda, gracias a estos tres requisitos clave: establecer crédito, ahorrar dinero y mantener un trabajo estable. Ya esto te lo había dicho en el capítulo uno; sin embargo, retomo el tema para hacer énfasis en estos fundamentos, los cuales fueron cruciales para alcanzar mi objetivo inicial, pues solo con ellos, ingresé al fascinante mundo financiero estadounidense.

A medida que aprendí más sobre el crédito, descubrí la importancia de entender su funcionamiento. En este capítulo, nos enfocaremos en explorar lo bueno y lo malo del interés compuesto, un tema esencial para optimizar tus finanzas.

Como nota, luego de un año de haber adquirido mi vivienda, me ofrecieron refinanciar mi propiedad, allí aprendí que era una buena oportunidad para extraer capital acumulado sin incurrir en impuestos pues los prestamos no son ingreso y por lo tanto no generan impuestos. Este beneficio parecía prometedor, pero me enfrenté a un problema inesperado: me concedieron un crédito con condiciones desfavorables.

En ese momento, descubrí los intereses variables, como el «Six Month LIBOR[4]», que cambia cada seis meses y que puede afectar drásticamente los pagos mensuales. Esta experiencia me hizo consciente de los riesgos asociados con diferentes tipos de interés. Determinada a comprender mejor el sistema financiero, me propuse aprender sobre los tres tipos principales de interés.

Ya abordado todo lo referente con el interés simple, vamos ahora a conocer la dinámica del interés compuesto. Este tipo de interés utilizado ampliamente en productos financieros, como tarjetas de crédito, por ejemplo, puede ser engañoso si no se maneja correctamente. Muchas personas caen en la trampa de pagar solo el mínimo, lo que no sabes es que, con esta jugada, los bancos te prolongan significativamente el tiempo de pago para ganar enormes cantidades de dinero producto del interés.

Antes de continuar, quiero que desmitifiquemos esas historias que giran alrededor del interés compuesto. Lo primero que haremos será conocer cuáles son sus implicaciones para luego aplicar las estrategias rentables en nuestras finanzas personales.

---

4 El Six-Month LIBOR (London Interbank Offered Rate) es una tasa de interés de referencia que representa el costo promedio al que los principales bancos internacionales están dispuestos a prestarse fondos entre sí en el mercado interbancario de Londres, con un plazo de 6 meses y denominado en dólares estadounidenses (USD).

El interés compuesto es para calcular el interés de tarjetas de crédito.

Este interés tiene la tasa de interés anual, pero en realidad se cobra diariamente basado en el saldo del día anterior.

A continuación un ejemplo de cómo se calcula este interés de una tarjeta de crédito:

29%	Tasa de interés anual
/ 365	Días del año
= 0.07945	Tasa de interés diaria

$ 10,000.00	Saldo al empezar el día #1
X 0.07945	Tasa de interés del saldo día #1
= $ 7.94	Interés del día #1
+ $ 10,000.00	Saldo del día #1
= $ 10,007.94	Saldo al final del día #1
X 0.07945	Tasa de interés del saldo día #2
= $ 7.95	Interés por el día #2
+ $ 10,007.94	Saldo al empezar el día #2
= $ 10,015.89	Saldo al final del día #2

Y así sucesivamente por el resto de los 30 días del mes, cuando se suman todos los días de interés basados en el saldo mas el interés de los días anteriores, el resultado es un balance aproximado de $10,300, si el pago mínimo mensual es de $350, entonces la deuda solo bajo del saldo $50 y el balance del capital es de $9,950.

Es fundamental comprender estos conceptos para gestionar adecuadamente nuestras finanzas personales.

Proceso de Cálculo de Interés Compuesto

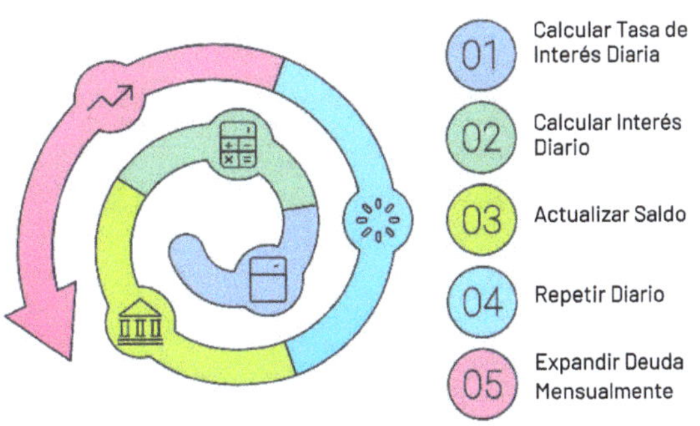

Observamos cómo incluso pequeños incrementos diarios en el saldo inicial generan un crecimiento exponencial de la deuda a lo largo del mes.

Es esencial destacar que muchas personas optan por abonar solo el pago mínimo mensual en sus tarjetas de crédito. Sin embargo, esto no reduce efectivamente la deuda principal que al final del mes se subió con el interés diario y conduce a una acumulación continua de intereses sobre saldos pendientes. El pago mínimo puede parecer atractivo a corto plazo, pero a largo plazo resulta en mayores costos financieros.

Para evitar caer en esta trampa financiera, es fundamental comprender y utilizar el interés compuesto a nuestro favor. En futuros capítulos, exploraremos estrategias para gestionar y liquidar deudas de manera efectiva, así como aprovechar los productos financieros de manera inteligente para maximizar nuestras finanzas personales.

Este ejercicio subraya la importancia de la educación financiera y cómo un conocimiento profundo de los principios básicos puede empoderarnos para tomar decisiones financieras informadas y estratégicas. Aprender a utilizar el interés compuesto sabiamente es fundamental para construir una base financiera sólida y alcanzar nuestras metas económicas a largo plazo.

En capítulos futuros, conoceremos instrumentos de negocios, como el «Other People's Money» (OPM), dinero prestado por instituciones financieras para multiplicar tu dinero y generar flujo de efectivo sin comprometer tus recursos personales. Aprenderás a convertir las deudas en oportunidades financieras y a gestionar tus finanzas de manera que maximices los beneficios y minimices los costos.

Recuerda que esta información no se enseña comúnmente en las escuelas o universidades, lo cual es una razón más para adoptar la estrategia y utilizarla a tu favor. Este libro está diseñado para empoderarte con habilidades financieras prácticas que te ayudarán a alcanzar tus metas económicas y construir un futuro financiero sólido.

ENTENDER EL
INTERÉS SIMPLE
TE PERMITE CONOCER
EL **FUNCIONAMIENTO**
DE LOS **PRÉSTAMOS** Y
UTILIZAR ESE
CONOCIMIENTO *A TU*
FAVOR PARA
OPTIMIZAR TUS
DECISIONES
FINANCIERAS.

Manual al ÉXITO

¡Tu éxito es nuestra misión!

CAPITULO #5

El interés compuesto ¡Lo malo y lo bueno!

WWW.CREAFORTUNAS.COM

@creafortunas

Bienvenido (a) a tu **Manual al Éxito**, en el **Capítulo #5** nos vamos a concentrar en aprender cómo funciona el interés compuesto para continuar el aprendizaje de cómo funcionan los diferentes tipos de interés para poder aplicar ese conocimiento y tomar ventaja del sistema financiero apalancándonos del dinero de otros (OPM). Éste es el primer gran paso para **¡Crear Fortunas!**

A continuación, vamos a ver cómo funciona el interés compuesto y cómo lo calcula el banco para cobrar este tipo de interés:

El interés compuesto es aquel que se usa para calcular: Tarjetas de crédito y Tarjetas departamentales.

Una característica singular de este tipo de interés, es que el banco cobra el interés diario y cobra el día siguiente el interés con el interés agregado haciendo un efecto de interés compuesto diario.

El pago que se designa desde el principio del préstamo es el mismo durante todos los meses que tenga el préstamo.

Este tipo de interés nos va a ayudar para hacer estrategias donde nos apalancaremos de las tarjetas de crédito para pagar los gastos mensuales que se puedan pagar con tarjetas y así tener 55 días para pagar lo que gastamos en las tarjetas de crédito.

Gotita de Miel: ¿Sabías que si utilizas tarjetas de crédito para pagar los gastos mensuales y cuando llega la factura, tienes 25 días de gracia para que el pago se venza? Así se suman los 30 días del ciclo de la tarjeta de crédito y los días de gracia y suman 55 días. Así usamos el dinero de otros por casi 2 meses mientras usamos nuestro dinero para invertir y crear "cash flow".

El interés compuesto es para calcular el interés de tarjetas de crédito. Este interés tiene la tasa de interés anual, pero en realidad se cobra diariamente basado en el saldo del día anterior.

Te dejo el enlace para que hagas ejercicios con tu propia tarjeta de crédito para ver cómo funciona cuando se paga el mínimo.

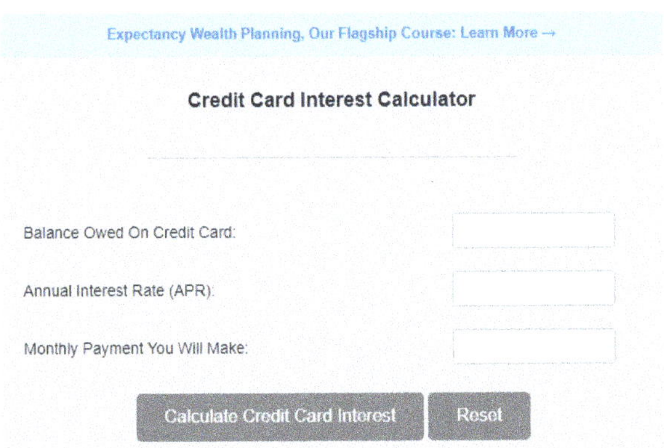

Escanea el QR para que te lleve a la aplicación

VI
¿Cómo funciona el interés amortizado?

«Los acreedores tienen mejor memoria que los deudores».

BENJAMIN FRANKLIN

Antes de abordar el tema del interés amortizado, conozcamos primero las diferencias clave entre las tasas fijas y variables, y cómo estas opciones pueden impactar significativamente en tus finanzas personales.

Cuando solicitas un préstamo hipotecario, te enfrentas a la decisión crucial entre optar por una tasa de interés fija o variable. Una tasa de interés fija garantiza que el interés permanecerá constante a lo largo del período del préstamo, brindándote estabilidad y la certeza de saber exactamente cuánto pagarás mes a mes durante toda la vida del préstamo, que suele ser de treinta años. Es una opción preferida por aquellos que buscan una planificación financiera precisa y evitar sorpresas desagradables relacionadas con aumentos inesperados en el pago mensual.

Por otro lado, los préstamos con tasas de interés variables, como los préstamos ARM (Adjustable Rate Mortgages), ofrecen inicialmente tasas de interés más bajas en comparación con las tasas fijas. Sin embargo, estas tasas pueden ajustarse periódicamente según las condiciones del mercado financiero, lo que significa que tus pagos mensuales pueden fluctuar y potencialmente aumentar con el tiempo. Esto introduce una variable de riesgo en tus finanzas personales, ya que el costo del préstamo puede volverse impredecible y potencialmente más alto en el futuro.

En mi experiencia personal, al inicio opté por un préstamo FHA con tasa de interés fija, que me ofreció estabilidad financiera al mantener el interés inalterado durante toda la duración del préstamo. Sin embargo, al refinanciar más adelante, me tentaron con un préstamo de tasa variable de seis meses, conocido como «Six Month LIBOR». Este tipo de préstamo ajusta su tasa de interés cada seis meses, basado en un índice de referencia, lo que podría resultar en aumentos considerables en el pago mensual si las tasas de interés aumentan en el mercado.

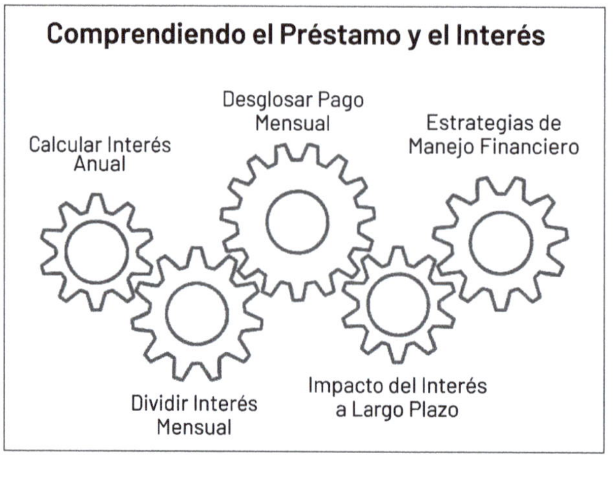

El concepto de interés amortizado se refiere a la manera en que se distribuyen los pagos mensuales entre el interés y el capital del préstamo. Cuando cierras un préstamo hipotecario, el primer pago no se realiza de inmediato; en cambio, se retrasa hasta el mes o dos meses siguientes, acumulando interés sobre el saldo pendiente desde el momento del cierre hasta el primer pago efectivo. Por ejemplo, si cierras el 2 de enero, tu primer pago podría no ser hasta marzo, lo que significa que pre-pagas el interés de enero en el día de la firma de la compra, y para amortizar el pago el mes de febrero se paga en arreas en el primer pago de marzo.

Además, una estrategia inteligente es considerar adelantar pagos adicionales al principal del préstamo. Por ejemplo, si decides hacer un pago adicional en febrero antes del primer pago programado en marzo, todo ese pago adicional se aplicará directamente al principal del préstamo. Esto no solo reduce el saldo pendiente, sino que también disminuye la cantidad total de intereses que pagarás a lo largo de la vida del préstamo.

En este ejercicio práctico del interés amortizado, exploraremos cómo funciona un préstamo hipotecario de $100,000 con una tasa de interés fija del 6.5% anual. Esta tasa se mantendrá constante a lo largo de los próximos treinta años de tu préstamo.

- **Cálculo del interés anual:** primero, calculemos el interés anual sobre el préstamo de $386,000 USD multiplicado por 0.065, que es el 6.5% expresado como decimal, nos da $25,090 USD de interés al final del primer año.
- División del interés anual en pagos mensuales: El interés anual de $25,090 USD entre los doce meses del año nos da un interés mensual de aproximadamente $2,090.83 USD
- **Composición del pago mensual:** Cada pago mensual de $2,439.78 USD se desglosa de la siguiente manera: $2,090.83 USD corresponde al interés y $348.94 USD al principal. Esto significa que, al principio, la mayoría de tu pago mensual se destina al pago de intereses.

  Es importante acotar que durante los primeros dieciséis años aproximadamente, la mayor parte de cada pago mensual se destina al pago de intereses.
- **Consideraciones Importantes:** A lo largo de los 30 años de tu préstamo, si optas por pagar solo el mínimo requerido, pagarás más de la mitad de la cantidad total en intereses. De hecho, para el final del préstamo, habrás pagado más de 3.4 veces la cantidad original prestada, debido al interés acumulado durante todo el periodo.

Estrategias de Manejo Financiero

El sistema financiero ofrece diversas estrategias para minimizar el impacto del interés y acelerar la amortización del préstamo. Por ejemplo, considerar programas como el ofrecido por bancos que facilitan financiamiento del hasta el 100% o del 96.5% a través de FHA, puede ser beneficioso para aprovechar oportunidades de inversión con capital mínimo inicial.

Es esencial entender cómo funcionan estos principios financieros para tomar decisiones informadas. Aprender a manejar efectivamente tu dinero y utilizar productos bancarios estratégicamente puede ayudarte a construir riqueza y estabilidad financiera a largo plazo.

En los próximos capítulos, profundizaremos en estrategias adicionales para optimizar tus pagos hipotecarios, reducir costos y maximizar tus inversiones utilizando conceptos como el «Cash Flow» y el apalancamiento financiero. Estos conocimientos te capacitarán para tomar decisiones financieras inteligentes y aprovechar al máximo las oportunidades disponibles en el mercado.

La comprensión del interés amortizado y la elección adecuada entre tasas de interés fijas y variables son fundamentales para optimizar tu situación financiera a largo plazo.

QUIEN ENTIENDE EL **INTERÉS COMPUESTO**, **GANA.**

QUIEN NO, LO PAGA.

LA DESICIÓN ES TUYA:

¿QUIERES QUE **EL DINERO TRABAJE PARA TI** O CONTRA TI?

Manual al

ÉXITO

¡Tu éxito es nuestra misión!

CAPITULO #6

¿Cómo funciona el interés amortizado?

WWW.CREAFORTUNAS.COM

@creafortunas

Bienvenido (a) a tu **Manual al Éxito**, en el **Capítulo #6** nos vamos a concentrar en aprender cómo funciona el interés amortizado pues es indispensable comprender el funcionamiento de los diferentes tipos de interés para poder aplicar ese conocimiento y tomar ventaja del sistema financiero apalancándonos del dinero de otros (OPM) y estar listos para entrar al sistema financiero y tomar todas las oportunidades que nos ofrece. Éste es el primer gran paso para **¡Crear Fortunas!**

A continuación, vamos a ver cómo funciona el interés amortizado y cómo lo calcula el banco para cobrar este tipo de interés:

El interés amortizado es aquél que se usa para calcular préstamos de largo plazo: Préstamos para Hipotecas

El interés amortizado de las hipotecas se cobra de un mes atrasado. La formula del banco para este tipo de interés, es cobrar la tasa de interés anual dividida por 360 y cobrar interés diario. Pero a diferencia de la tarjeta de crédito, no se colecta diario, sino cobran todo el interés en el último día del mes. Así que el 1ro del mes se debe el capital del mes corriente, pero el interés del mes anterior.

Esta combinación se amortiza para estrechar la deuda por años y años y pagar el interés de la deuda los primeros meses 6/8 del tiempo y el capital al final del préstamo. A continuación el mismo ejemplo del capítulo 6 pero en imágenes de como se cobra este tipo de interés.

Te dejo el enlace para que hagas ejercicios de prestamos hipotecarios para ver cómo funciona y veas simulaciones de pago mensual, enganche, precio de compra y todos los detalles de un prestamo hipotecario.

Escanea el QR y simula prestamos hipotecarios

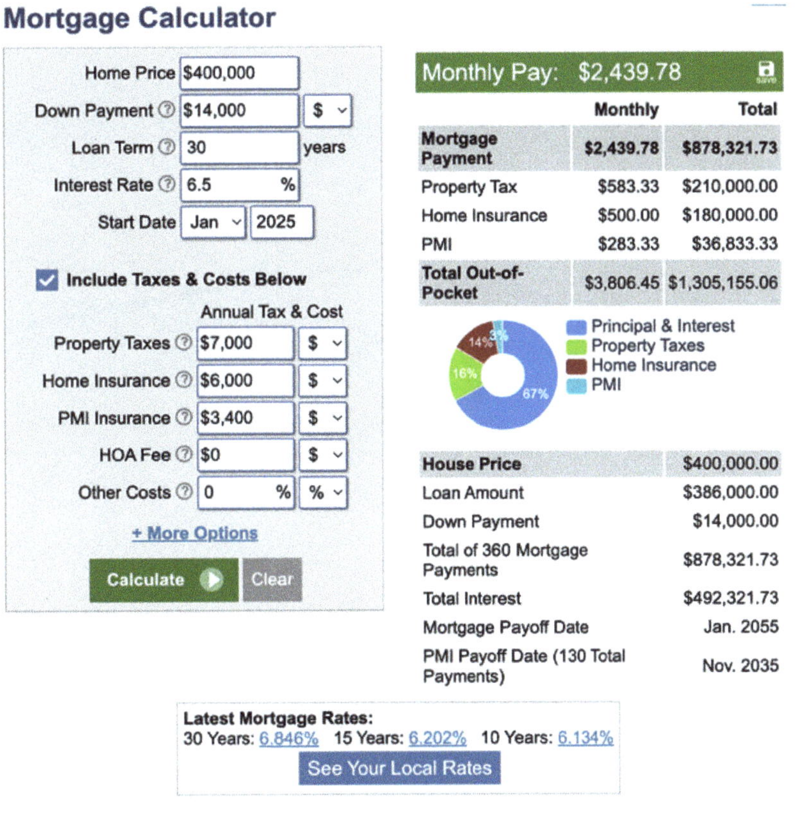

Amortization Schedule

Annual Schedule   Monthly Schedule

Month	Date	Interest	Principal	Ending Balance
1	1/2025	$2,091	$349	$385,651
2	2/2025	$2,089	$351	$385,300
3	3/2025	$2,087	$353	$384,947
4	4/2025	$2,085	$355	$384,593
5	5/2025	$2,083	$357	$384,236
6	6/2025	$2,081	$359	$383,878
7	7/2025	$2,079	$360	$383,517
8	8/2025	$2,077	$362	$383,155
9	9/2025	$2,075	$364	$382,791
10	10/2025	$2,073	$366	$382,424
11	11/2025	$2,071	$368	$382,056
12	12/2025	$2,069	$370	$381,686

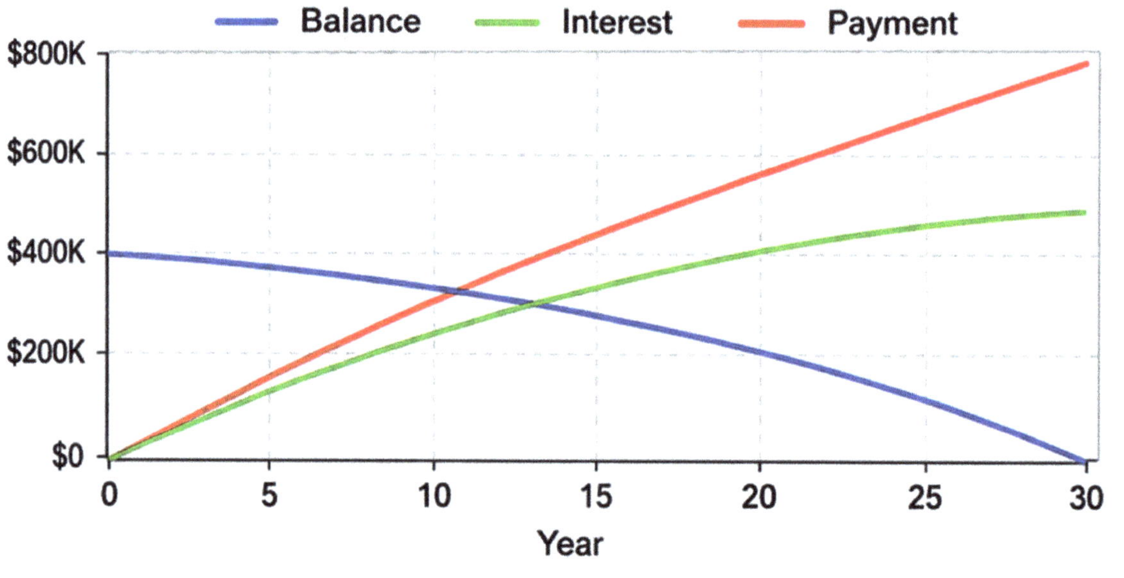

VII
Tips para elegir a tus asesores de cabecera

«Rodéate de personas que te hagan mejor».

EPÍTETO

Ingresa al sistema financiero comprando una casa

La inversión más significativa que realizarás en tu vida es la compra de una casa. En capítulos anteriores abordamos los tres pasos esenciales para entrar al sistema financiero de manera efectiva. En primer lugar, discutimos la importancia de tu crédito. Un puntaje mínimo de 720 es recomendable para asegurar las mejores condiciones de interés, especialmente en un clima donde las tasas están en aumento.

En segundo lugar, abordamos la creación de un presupuesto detallado utilizando herramientas prácticas como aplicaciones y hojas de cálculo. Este manual te guía paso a paso para alinear tus números y asegurar una gestión financiera óptima.

Luego, exploramos el mundo de los impuestos para entender y gestionar las obligaciones fiscales. Esta comprensión es crucial para calcular adecuadamente tus ahorros y prepararte para la compra, especialmente bajo programas como FHA, que requieren un ahorro inicial del 9.5%, aunque hoy en día existen opciones que permiten comprar incluso con cero por ciento de ahorro inicial.

Domina los tipos de interés

En el capítulo cuatro, nos sumergimos en el estudio de los tipos de interés. Comprender el funcionamiento de cada uno de ellos es esencial para navegar con éxito el sistema financiero. Estos conceptos no solo son fundamentales en productos bancarios, sino que también son la piedra angular en la estrategia que te guiará hacia la creación de tu riqueza.

Ahora nos enfocaremos en los fundamentos esenciales pero cruciales a la hora de iniciar tu camino hacia la inversión inteligente y la libertad financiera.

Imagina que puedas retirarte por más de seis años sin cambiar tu estilo de vida. ¿Qué harás? Seguramente viajarás con regularidad con tu familia, y si tienes hijos, lo inscribirás en una buena escuela privada que le garantice una buena educación. Eso fue precisamente lo que yo hice, y ahora quiero compartir contigo las herramientas necesarias para que también puedas alcanzar tus sueños personales y financieros.

La importancia de formar un equipo competente

Cuando se trata de hacer la inversión más significativa de tu vida —tu primera propiedad— no puedes dejar nada al azar. No es suficiente simplemente llamar al amigo de un amigo que trabaja en préstamos hipotecarios o bienes raíces. Es crucial construir un equipo de profesionales expertos que estén verdaderamente comprometidos con tu éxito financiero.

Imagínate esto: ¿confiarías ciegamente a alguien tu inversión de cien mil dólares en el mercado de acciones sin saber que tienen experiencia y conocimiento sólidos? De la misma manera, debes seleccionar cuidadosamente a las personas que te ayudarán con servicios tan vitales como la obtención de un préstamo hipotecario.

Consejos para elegir a tu equipo de asesores

Aquí te proporciono algunos tips clave para seleccionar a los miembros de tu equipo:

- **Experiencia:** No comprometas tu inversión con alguien que carece de trayectoria comprobada. Busca profesionales con experiencia significativa en el campo de los préstamos hipotecarios y bienes raíces.
- **Reputación y credenciales:** Investiga la reputación del profesional. Lee reseñas, solicita referencias y asegúrate de que estén debidamente certificados y licenciados.
- **Transparencia y honestidad:** Es fundamental que tu asesor sea transparente en sus acciones y honesto en sus recomendaciones. Evita aquellos que puedan tener conflictos de interés o que no te proporcionen información clara sobre los términos del préstamo.
- **Compromiso con tu éxito:** Elige a alguien que esté comprometido con tu éxito financiero a largo plazo. Esto incluye no solo asegurar la aprobación del préstamo, sino también garantizar las mejores condiciones posibles que se adapten a tus necesidades.
- **Comunicación y disponibilidad:** La comunicación clara y la disponibilidad para responder a tus preguntas y preocupaciones son signos de un profesional comprometido y confiable.

Mi experiencia como banquera en diversas posiciones me permite entender que la falta de experiencia puede llevar a cometer errores costosos en el proceso de tu préstamo hipotecario. Tu objetivo es que todo fluya sin complicaciones, como un vuelo fácil y rápido. Esto solo es posible cuando estás bien preparado y cuentas con un equipo de profesionales competentes, incluyendo a tu banquero de hipotecas.

Uno de los primeros puntos cruciales es asegurarte de que tu banquero de hipotecas esté debidamente licenciado. Es sorprendente que existan personas que operan sin licencia, lo cual puede poner en riesgo tu transacción. Verifica en el sitio web de la secretaría estatal si tu profesional tiene la licencia necesaria y revisa si hay quejas de clientes anteriores. Este paso sencillo, pero esencial, puede evitar muchos problemas futuros.

Otro aspecto vital es revisar las reseñas públicas del profesional. Busca su nombre en plataformas donde puedas ver testimonios de clientes anteriores. Las opiniones de otros clientes te darán una idea clara de la calidad del servicio que puedes esperar.

Tu banquero de hipotecas debe ser transparente y estar dispuesto a responder todas tus preguntas. Es crucial que te explique detalladamente los números involucrados en tu préstamo, incluyendo el pago mensual, el tipo de interés y cualquier tarifa adicional. Asegúrate de entender completamente todos los costos involucrados para evitar sorpresas desagradables en el futuro.

Finalmente, discute abiertamente las comisiones. Es común que los profesionales en este campo cobren una comisión por sus servicios, conocida como la tarifa de originación. Un rango razonable suele ser entre el 1.5% y el 2%. Si te ofrecen una tarifa significativamente más alta, como el 2.5%, considera negociar para obtener un costo más justo.

El rol crucial del agente de bienes raíces

Es el segundo profesional clave con el que necesitas establecer una sólida relación de trabajo en tu camino hacia la creación de riqueza y estabilidad financiera. Tanto el banquero de hipotecas como el agente de bienes raíces son fundamentales en tu equipo de asesores financieros. Aunque estos dos profesionales pueden no conocerse entre sí, es crucial que tú los conozcas y te sientas cómodo con ellos. Deben ser expertos en su campo y alinearse con tus valores y objetivos personales.

El agente de bienes raíces será tu guía en la búsqueda y compra de la casa de tus sueños. Es el primer profesional que debes entrevistar, ya que iniciarás el proceso de adquisición de propiedad con su ayuda experta. Es recomendable buscar un agente con al menos dos años de experiencia en el campo. Aunque no requiere la misma cantidad de años que un banquero de hipotecas, esta experiencia es crucial para negociar eficazmente el contrato de bienes raíces y manejar todo el proceso sin contratiempos.

Licencia y antecedentes

Verifica que el agente de bienes raíces tenga licencia válida en tu estado. Puedes hacer esto fácilmente consultando el sitio web de la secretaría estatal correspondiente, donde también puedes verificar si hay quejas registradas contra el agente. Este paso te asegurará que estás trabajando con un profesional legalmente autorizado y éticamente responsable.

Ética y valores

Un aspecto crucial que a menudo se pasa por alto es la ética profesional del agente de bienes raíces. Es vital seleccionar a alguien que no solo esté interesado en ganar comisiones altas, sino que también esté comprometido con encontrar la propiedad adecuada para ti, independientemente de la cantidad de comisión que puedan obtener. Como agente de bienes raíces y bróker, he sido testigo de cómo algunos agentes pueden inclinarse hacia propiedades más caras, simplemente por la promesa de una comisión más alta. Esto puede resultar en que no veas todas las opciones disponibles que realmente se ajusten a tus necesidades y presupuesto.

Al formar tu equipo de profesionales, asegúrate de hacer una investigación exhaustiva y entrevistar a tus potenciales aliados. Estos pasos te ayudarán a construir una relación de trabajo sólida basada en la confianza y la eficacia. Recuerda que este equipo no solo te apoyará en tu primera compra de propiedad, sino que también será crucial en futuras transacciones. Al elegir a personas con experiencia, ética sólida y un compromiso genuino con tu éxito, estarás preparado para alcanzar tus metas financieras a largo plazo.

¡Únete a mí en este emocionante viaje hacia el éxito financiero!

VIII
Resumen de los pasos para comprar tu primera propiedad

«La felicidad no está en la mera posesión del dinero; reside en la alegría del logro, en la emoción del esfuerzo creativo. El hogar es la piedra angular del éxito personal».

FRANKLIN D. ROOSEVELT

El camino hacia tu primera propiedad

En este capítulo, nos centraremos en uno de los aspectos más fundamentales del proceso financiero: el crédito hipotecario. Después de haber cubierto los aspectos esenciales para ingresar al sistema financiero en capítulos anteriores, como la preparación de tu crédito, la elaboración de un presupuesto sólido y la comprensión de tus obligaciones fiscales, ahora estás listo para dar el siguiente paso: obtener un crédito hipotecario y aprovechar el apalancamiento del sistema financiero.

Un crédito hipotecario es un préstamo proporcionado por un banco que te permite comprar la casa donde planeas vivir, tu residencia principal.

1er duplex en Chicago que compre en 1995 y yo dentro de esa propiedad en mi piso en 1998

Este tipo de préstamo generalmente tiene un plazo de treinta años para pagar, aunque algunos bancos ofrecen opciones más largas, como cuarenta o cincuenta años. Optar por un plazo más largo puede reducir tu pago mensual, lo cual facilita la gestión de tus finanzas y te brinda flexibilidad presupuestaria.

Es importante comprender que, aunque el préstamo tenga un plazo largo, esto no significa necesariamente que debas pagarlo durante todos esos años. La mayoría de los propietarios suelen cambiar de vivienda aproximadamente cada cinco años, ya sea para adquirir una casa más grande, conforme crece la familia, o para ajustarse a nuevas circunstancias de vida.

Una de las prácticas más comunes para acelerar la amortización del préstamo hipotecario es la de adelantar los pagos mensuales para reducir el tiempo total del préstamo. Otros, venden la propiedad después de unos años para aprovechar la plusvalía acumulada, una táctica común en las generaciones actuales. Para llevar cabo este proceso de manera satisfactoria, debes dominar el manejo de los diferentes tipos de interés para negociar las condiciones del préstamo.

Gestión eficiente del proceso de préstamo hipotecario

En esta sección, nos enfocaremos en los pasos esenciales para gestionar eficazmente tu préstamo hipotecario, asegurando que estés bien preparado y optimizando tus posibilidades de éxito en la compra de tu casa. Aquí te detallo los puntos clave que debes considerar:

- **Autorización por escrito y puntaje de crédito:** Es imprescindible que autorices por escrito al banquero para que inicie el proceso de solicitud de tu crédito. Una vez que el crédito se haya solicitado, tiene una validez de tres meses. Durante este tiempo, debes asegurarte de estar realmente listo para comprar, ya que cada solicitud de crédito afecta tu puntaje crediticio. Mantener un puntaje alto (idealmente por encima de 720) te permitirá acceder a las mejores tasas de interés disponibles en el mercado. Recuerda, un puntaje más alto significa mejores condiciones financieras.
- Evita solicitar otros créditos mientras estás en proceso de compra. No adquieras nuevas tarjetas de crédito o realices compras grandes, ya que esto puede afectar negativamente tu capacidad crediticia y la aprobación de tu préstamo hipotecario.

- **Documentación financiera:** Para proceder con la compra, necesitarás presentar dos meses de estados de cuenta bancarios. Es importante tener en cuenta que cualquier entrada de dinero significativa, como regalos familiares para el enganche o los gastos de cierre, debe estar documentada adecuadamente. Esto se conoce como «season and source», lo que asegura que los fondos hayan estado al menos dos meses en tu cuenta para evitar cuestionamientos por parte del banco.
- Si recibes un regalo monetario por parte de familiares cercanos (padres o hijos solamente) para financiar la compra, se requiere un formulario especial para verificar la fuente de esos fondos. Esto es crucial para asegurar la transparencia y la trazabilidad del dinero utilizado en la transacción.

- **Talones de nómina:** Si eres empleado (W2), deberás proporcionar un mes completo de talones de nómina como parte de la documentación requerida. Esto permite al prestamista verificar tus ingresos y asegurarse de que tienes la capacidad financiera para manejar el préstamo hipotecario.

Gestión eficiente del proceso de préstamo hipotecario

En esta sección, nos enfocaremos en los pasos esenciales para gestionar eficazmente tu préstamo hipotecario, asegurando que estés bien preparado y optimizando tus posibilidades de éxito en la compra de tu casa. Aquí te detallo los puntos clave que debes considerar:

- **Documentación requerida:** Si eres empleado, es fundamental presentar tu formulario W2 y los talones de sueldo correspondientes de un mes completo. Además, se necesitan los dos años de declaraciones de impuestos anteriores como requisito esencial para calificar. Estos documentos son cruciales para verificar tu capacidad financiera y garantizar que cumples con los requisitos necesarios para el préstamo hipotecario.
- **Obtención de la preaprobación:** Después de reunir la documentación requerida, es momento de tener una entrevista con tu banquero o agente hipotecario. Aquí, se procederá a presentar la solicitud de préstamo o lo que se conoce como una pre-aprobación. Esta preaprobación es una carta formal del prestamista que indica cuánto estás aprobado para financiar y en qué condiciones. Es esencial obtener esta preaprobación antes de iniciar la búsqueda de propiedades con un agente de bienes raíces.
- **Trabajo con el agente de bienes raíces:** Una vez que tengas la preaprobación en mano, estás listo para trabajar con un agente de bienes raíces. El agente te ayudará a buscar la casa de tus sueños y facilitará el proceso de presentación de ofertas. Es crucial haber seleccionado previamente un agente con experiencia y confiabilidad, asegurándote de que esté alineado con tus intereses y necesidades específicas.
- **Presentación del contrato al prestamista:** Una vez que hayas encontrado la propiedad deseada y tu oferta sea aceptada por el vendedor, el siguiente paso es entregar el contrato firmado al prestamista. Este paso es crucial, ya que permite al prestamista preparar y enviar el paquete completo de solicitud de préstamo al banco. Dependiendo de si trabajas con un bróker de préstamos hipotecarios o directamente con un banco, se seleccionará el mejor programa hipotecario que se adapte a tus necesidades a largo plazo.
- **Proceso de aprobación del préstamo:** El proceso de aprobación del préstamo generalmente toma de cuatro a siete días hábiles, durante los cuales el prestamista revisará minuciosamente toda la documentación proporcionada. Es importante mantener una comunicación fluida con tu agente de hipotecas durante este tiempo para asegurarte de que cualquier detalle adicional necesario sea proporcionado de manera oportuna.
- **Bloqueo de la tasa de interés:** Una vez que recibas la aprobación del préstamo, te recomiendo bloquear la tasa de interés de inmediato. Esto garantiza que la tasa de interés acordada en el momento del bloqueo sea la que se aplique, independientemente de las fluctuaciones posteriores en el mercado. Es especialmente crucial en tiempos de incrementos en las tasas de interés, ya que te protege de posibles aumentos durante el proceso de cierre.

Cómo dominar el proceso de compra de tu primera casa

Ahora vamos a profundizar en los pasos esenciales que debes seguir para adquirir tu primera casa de manera informada y estratégica. Es fundamental que te conviertas en un experto en este proceso, ya que la información es poder, especialmente cuando se trata de una decisión tan significativa como comprar una propiedad donde tu familia vivirá.

- **Evaluación de la propiedad (avalúo):** El banco solicitará una evaluación de la propiedad para confirmar que el valor de la casa es congruente con el precio acordado en el contrato de compraventa. Aunque tú pagas por esta valuación es realizada por profesionales contratados por el banco. Esta etapa es esencial para asegurarte de que estás pagando un precio justo por la casa.
- **Obtención de seguro de propiedad:** Antes del cierre, es obligatorio obtener un seguro de propiedad. Dependiendo de si la propiedad es un condominio o una casa, se requerirá un seguro específico (HO-6 para condominios y HO-3 para casas). Este seguro es vital para proteger tu inversión y cumplir con los requisitos del prestamista. Sin seguro, no se te otorgará el préstamo hipotecario.
- **Preparación para el cierre:** Una vez que todas las condiciones anteriores se han cumplido y el banco ha revisado y aprobado todos tus documentos, estás listo para el cierre. Este es el día en que firmarás todos los documentos legales que formalizan la transferencia de propiedad. Al finalizar el cierre, recibirás las llaves de tu nueva casa y oficialmente te convertirás en su propietario.

Beneficios de la Homestead Exemption

Es importante aprovechar los beneficios fiscales del «Homestead Exemption[5]», disponibles en la mayoría de los estados. Esta exención reduce los impuestos sobre la propiedad de tu residencia principal de tres maneras clave:

- **Reducción de Impuestos:** Te permite reducir los impuestos sobre la propiedad de tu casa principal.
- **Protección Legal:** Proporciona protección contra acreedores, asegurando que no puedan confiscar tu propiedad.
- **Exención de ganancias de capital:** Después de dos años de ser propietario, si eres soltero, no pagarás impuestos sobre las ganancias de hasta $250,000 sobre el precio de compra original de la casa. Para parejas casadas, esta exención se eleva a $500,000.

---

5 Beneficio legal disponible en muchos estados de los Estados Unidos que protege el valor de la vivienda principal de un propietario frente a ciertas situaciones financieras adversas, como deudas, impuestos sobre la propiedad y la muerte del cónyuge. Este beneficio tiene como objetivo garantizar que las familias no pierdan su hogar debido a dificultades económicas, priorizando la protección de la vivienda sobre los intereses de los acreedores.

Estos beneficios hacen que la propiedad de una casa principal sea una inversión poderosa y estratégica de mediano a largo plazo.

Gestionar eficientemente tu préstamo hipotecario requiere una planificación cuidadosa y una ejecución precisa de cada paso del proceso. Al seguir estos pasos y asegurarte de contar con un equipo de profesionales confiables, estarás en el camino correcto para adquirir la propiedad de tus sueños bajo las mejores condiciones financieras posibles. En capítulos posteriores, profundizaremos en otros aspectos importantes del proceso de compra de vivienda para garantizar tu éxito continuo en el mercado inmobiliario.

IX
Los extranjeros pueden comprar propiedades financiadas en E.E.U.U

«¿Por cuánto tiempo me quedo con una propiedad? Mi preferencia: para siempre»
WARREN BUFFETT

Accede al sueño americano: préstamos hipotecarios para extranjeros

Si te encuentras en tus veintes o treintas, estás en el momento ideal para comenzar a construir tu portafolio de inversiones inmobiliarias y allanar el camino hacia un futuro de ingresos pasivos. En este episodio nos centraremos en los préstamos hipotecarios que los extranjeros tienen a la mano.

Acceso a préstamos para extranjeros

Los préstamos para extranjeros son una opción disponible para aquellos que no son residentes ni ciudadanos de Estados Unidos que desean comprar propiedades en el país. Estos préstamos son ofrecidos por bancos especializados que están dispuestos a financiar propiedades residenciales, ya sean casas, condominios, dúplex, unidades de cuatro o incluso comerciales. Los requisitos para los extranjeros son sencillos y accesibles para ellos y tienen la misma oportunidad de acceder a estos fondos.

Requisitos para préstamos hipotecarios para extranjeros

- **Enganche o Down Payment:** Normalmente, los extranjeros deben proporcionar un enganche que oscila entre el 25% y el 30% del valor de la propiedad. Este porcentaje más alto se debe al mayor riesgo percibido por parte de los prestamistas.
- **Documentación financiera:** Se requieren documentos específicos para verificar la solvencia financiera del solicitante extranjero. Estos incluyen:
    - **Carta del contador:** Debe certificar que el solicitante ha estado en negocio durante al menos dos años, detallando los ingresos y la estabilidad financiera del negocio.
    - **Carta del banquero:** Similar a la del contador, esta carta verifica los activos del solicitante y su relación bancaria, confirmando la disponibilidad de fondos para el enganche.
    - **Estados de cuenta:** Se necesitan dos meses de estados de cuenta bancarios para corroborar los activos y las transacciones financieras del solicitante en su país de origen.
- **Identificación y verificación:** Se requiere una identificación válida del país de origen del solicitante, junto con la licencia del contador que emite la carta de verificación financiera.

- **Apertura de cuenta bancaria en Estados Unidos:** antes de iniciar el proceso de solicitud del préstamo, el extranjero debe abrir una cuenta bancaria en Estados Unidos. Esto facilita el manejo de los fondos relacionados con la compra de la propiedad.

Los préstamos hipotecarios para extranjeros son una puerta abierta para aquellos que desean invertir en el mercado inmobiliario estadounidense. A pesar de los requisitos adicionales, como un mayor enganche y la verificación exhaustiva de la estabilidad financiera, estos préstamos ofrecen a los extranjeros la oportunidad de adquirir propiedades en un país con un sólido mercado inmobiliario y oportunidades de crecimiento.

Con esta información, estás equipado para explorar y entender mejor el proceso de obtener un préstamo hipotecario como extranjero. Ya sea que estés planeando comprar tu primera propiedad o expandir tu portafolio de inversiones, el conocimiento es clave para tomar decisiones informadas y estratégicas en el mundo de los bienes raíces.

Si eres extranjero, podemos empezar a prepararte para que califiques y puedas hacer la aplicación formal con el banco. Uno de los primeros requisitos es abrir una cuenta bancaria en Estados Unidos donde deberás depositar el enganche que traerás desde tu país de origen, que generalmente es del 25% al 30% del valor de la propiedad, más los gastos de cierre adicionales.

Además, necesitarás demostrar que tienes reservas suficientes, que pueden variar entre doce a veinticuatro meses, para mostrar al banco que puedes pagar el préstamo y que estos fondos están guardados en tu cuenta bancaria en Estados Unidos. Este requisito adicional es crucial debido a tu estatus como no americano ni residente, pero aun así puedes calificar.

Es común que los extranjeros que invierten en propiedades en Estados Unidos cumplan fácilmente con estos requisitos, a veces incluso terminan pagando en efectivo porque creen que no califican para un préstamo. Sin embargo, apalancarse con el sistema financiero de Estados Unidos, incluso sin ser residente, es una oportunidad maravillosa. Esto te permite construir crédito en Estados Unidos, aunque aún no tengas número de seguro social, ya que la hipoteca te vincula con un préstamo formal.

Este historial puede ser utilizado como parte de tu perfil crediticio establecido, acelerando así el proceso de obtención de crédito. A diferencia de los americanos y residentes, los extranjeros no necesitan presentar una declaración de impuestos en Estados Unidos. La verificación financiera y la documentación necesaria son proporcionadas por el contador y el banquero de tu país de origen, quienes certifican tus ingresos y solvencia financiera.

Además de los estados de cuenta bancarios mencionados anteriormente, se requiere una carta de servicio (como luz, agua o teléfono) que confirme tu residencia en el país de origen. Estos son los requisitos esenciales para que un extranjero pueda obtener un préstamo hipotecario en Estados Unidos.

Este proceso te permitirá no solo adquirir una propiedad en un mercado inmobiliario sólido, sino también establecer una base financiera en este país, aprovechando todas las oportunidades que ofrece el sistema financiero estadounidense.

Experiencia exitosa en la compra de propiedades para extranjeros

Permíteme compartirte la experiencia reciente que tuve con un cliente en el 2022, menciono el año pues los intereses subieron considerablemente desde ese entonces. Él siguió todo el proceso para obtener un préstamo hipotecario como extranjero. Anteriormente, había establecido una empresa en Estados Unidos y decidió comprar una casa bajo el nombre de esa empresa para proteger sus activos. Este enfoque es especialmente beneficioso para los extranjeros que desean invertir en bienes raíces en Estados Unidos.

Los bancos especializados en préstamos para extranjeros aceptan este tipo de transacciones, lo cual fue fundamental en esta compra. Pude asegurarle un préstamo con una tasa de interés del 5.75%, que en ese momento era bastante competitiva. Es importante destacar que los tipos de interés pueden variar rápidamente; de hecho, en poco tiempo, las tasas subieron a entre el 8% y hasta 9%. Esto subraya la importancia de estar bien informado y preparado, como discutimos en episodios anteriores.

En el segundo libro exploraremos cómo podemos ayudarte a convertirte en un empresario exitoso dentro del sistema financiero, aprovechando los beneficios fiscales disponibles. Queremos asegurarnos de que estés bien preparado desde el principio, para que puedas beneficiarte al máximo de las oportunidades que el sistema financiero ofrece.

X

No gastes un centavo de tu capital para el pago de impuestos

El refinanciamiento

Este capítulo es fundamental dentro de nuestro libro, ya que exploraremos cómo obtener dinero gratis a través de herramientas financieras poderosas como el refinanciamiento y el HELOC. Presta atención y toma notas, ya que estas estrategias son especialmente beneficiosas para préstamos de autos y, sobre todo, para préstamos hipotecarios.

El refinanciamiento es el proceso de reemplazar un préstamo existente con uno nuevo que generalmente tiene mejores términos, como una tasa de interés más baja o pagos mensuales más manejables. En el caso de las hipotecas, también permite extraer dinero de la plusvalía de tu propiedad. Lo increíble es que este dinero extraído no está sujeto a impuestos, lo cual lo convierte en una herramienta poderosa para generar riqueza.

Cuando refinancias, es como comenzar de nuevo con un préstamo completamente nuevo que te proporciona fondos adicionales. Esto fue clave en mi estrategia personal para construir riqueza, ya que descubrí que podía aprovechar la plusvalía de mi propiedad cada año. Este método no solo es efectivo, sino que también es una forma inteligente de utilizar el sistema financiero para maximizar tus ganancias.

HELOC (línea de crédito con garantía hipotecaria)

El HELOC (Home Equity Line of Credit, por sus siglas en inglés) es otra forma de acceder al dinero de la plusvalía de tu casa, pero funciona de manera diferente al refinanciamiento. En lugar de obtener una suma global como en el refinanciamiento, el HELOC te proporciona una línea de crédito que puedes utilizar según sea necesario, similar a una tarjeta de crédito. La cantidad disponible se basa generalmente en el máximo del 85% del valor total de la propiedad.

Una de las ventajas clave del HELOC es que solo pagas intereses sobre el saldo que realmente utilizas. Por ejemplo, si tienes acceso a $100,000 USD, pero solo gastas $1,000 USD, solo pagarás intereses sobre esos $1,000 USD. Esto lo hace una opción flexible y conveniente para quienes necesitan acceso a fondos de manera intermitente.

Ambas estrategias, el refinanciamiento y el HELOC, son herramientas poderosas para multiplicar tu dinero y crear riqueza a largo plazo. Es esencial comprender cómo funcionan y cómo pueden integrarse en tu estrategia financiera personal para aprovechar al máximo las oportunidades que ofrecen.

El refinanciamiento implica reemplazar tu préstamo existente con uno nuevo que generalmente ofrece mejores términos, como tasas de interés más bajas o pagos mensuales más manejables. Además, te permite acceder a la plusvalía de tu propiedad. Aquí está la clave: el dinero extraído en un refinanciamiento no está sujeto a impuestos, lo cual lo convierte en una forma poderosa de generar riqueza.

Para ilustrar esto con un ejemplo, supongamos que tu casa actualmente tiene un valor de mercado de $500,000 USD y debes $300,000 USD en tu préstamo hipotecario.

Esto significa que tienes $200,000 USD de plusvalía acumulada en tu propiedad. *¿Por qué dejar este dinero inactivo?* La propiedad no solo te sirve para vivir en ella, sino también para hacer crecer tu patrimonio.

Al refinanciar, puedes solicitar un nuevo préstamo que cubra hasta el 85% del valor total de la propiedad. En este caso, el 85% de $500,000 USD es $425,000 USD. Después de refinanciar, tendrás un nuevo préstamo de $425,000 USD. Esto significa que pagarás los $300,000 USD existentes y tendrás $125,000 USD adicionales disponibles para invertir o utilizar como consideres.

Es importante recordar que el refinanciamiento te proporciona un nuevo plazo de amortización, generalmente de treinta años, aunque no es necesario que permanezcas en la propiedad durante todo este tiempo. La mayoría de las personas venden sus casas entre cinco a siete años después de comprarlas, por lo que la duración del préstamo no debería preocuparte demasiado. Lo esencial es maximizar tu flujo de efectivo y aprovechar al máximo las oportunidades financieras.

Si tu préstamo actual tiene una tasa de interés excepcionalmente baja, digamos alrededor del 3%, es crucial evaluar si refinanciar es la mejor opción. Aprovechar una tasa tan favorable puede ser más beneficioso que refinanciar y arriesgarse a obtener un nuevo préstamo con tasas de interés más altas, especialmente en un mercado donde las tasas están en aumento.

Por ejemplo, si tienes acceso a $125,000 USD a través de un HELOC, podrías utilizar $10,000 USD para renovar un baño y dejar los restantes $115,000 USD disponibles para futuros gastos o inversiones. El HELOC te permite retirar y usar fondos como se usa en las tarjetas de crédito, pero el interés es simple, no compuesto, los intereses en su mayoría son variables. Optar por un período más largo, como quince o veinte años, puede resultar en pagos mensuales más manejables.

Es esencial comprender las implicaciones financieras y consultar con profesionales para determinar la mejor estrategia según tu situación particular. Además, recuerda que, aunque acceder al dinero de tu propiedad puede no tener impuestos directos, existen costos asociados como los gastos de cierre que deben considerarse.

En los próximos capítulos, profundizaremos en ejemplos prácticos y estrategias avanzadas para aprovechar al máximo estas herramientas financieras. Prepararse adecuadamente y tomar decisiones informadas te permitirá optimizar tu patrimonio y alcanzar tus metas financieras a largo plazo.

XI
¿Sabías que existen préstamos privados para la compra de una propiedad?

«En el sector inmobiliario ocurre algo curioso. Cuando se recupera, vuelve a subir como la espuma».
Barbara Corcoran

En este capítulo, exploraremos los préstamos privados, una opción vital para inversores en bienes raíces que buscan flexibilidad y rapidez en financiamiento. Estos préstamos son ofrecidos por individuos o pequeñas empresas no bancarias, diferentes a estas por sus procesos simplificados y requisitos exigidos.

Los «Hard Money Loans»

Los «Hard Money Loans» son préstamos privados utilizados principalmente para inversiones en propiedades. A diferencia de los préstamos residenciales convencionales, estos no están destinados para la compra de propiedades primarias o residenciales principales. En lugar de eso, están diseñados para inversores que buscan adquirir propiedades de inversión o rehabilitación rápida.

Los préstamos residenciales convencionales requieren un buen historial crediticio, estabilidad laboral y ahorros para el enganche; en cambio, los *Hard Money Loans* se basan principalmente en el valor de la propiedad a comprar. No importa si el solicitante tiene buen o mal crédito, empleo estable o historial tributario, lo que más importa es que puedan proporcionar un fuerte enganche, generalmente del 25% o más del valor de la propiedad.

Los requisitos para los *Hard Money Loans* son mínimos en comparación con los préstamos convencionales. No se verifica exhaustivamente el origen del dinero del enganche, lo que permite que los inversionistas utilicen fondos provenientes de negocios o inversiones personales sin mayores complicaciones. Esto facilita la obtención del préstamo de manera rápida y eficiente, ideal para situaciones donde el tiempo es crucial, como en transacciones de bienes raíces comerciales o rehabilitación.

Para ilustrar cómo funcionan en la práctica, compartiré una experiencia personal reciente. Hace años, estaba en proceso de adquirir una propiedad para abrir una oficina en Miami. A pesar de haber comenzado el proceso con un préstamo convencional, mi situación financiera era compleja debido a inversiones en criptomonedas que hizo que el banco cancelara el préstamo justo antes del cierre. Esto me dejó en una situación crítica, a punto de perder mi enganche significativo.

Oficina en Miami que compre en 3 días con "Hard Money" en Enero 2022

Gracias a mi red de contactos en el sector de préstamos privados, pude asegurar rápidamente un *Hard Money Loan* que cubrió el 50% del valor de la propiedad. Este préstamo privado, aunque con tasas de interés más altas (en mi caso, un 8%), me permitió salvar la transacción la cual cerro en 2 días después de encontrar el préstamo privado (el más rápido de mi experiencia como banquera de hipotecas) y mantener mi inversión en marcha. Es importante destacar que este tipo de créditos usualmente son a corto plazo, con términos que no suelen exceder dos o tres años, y sus tasas de interés pueden variar significativamente según las condiciones del mercado y el riesgo percibido.

Al año siguiente, mantuve un pago de «Interest Only», el cual solo cubría los intereses del préstamo sin reducir el capital principal. Esta estrategia me proporcionó la flexibilidad financiera necesaria para iniciar operaciones comerciales en la propiedad, que posteriormente vendí estratégicamente después de un año y un día.

Consideraciones fiscales y estrategias

Es crucial comprender las implicaciones fiscales de estas transacciones. Al vender la propiedad después de un año y un día, pude aprovechar las ganancias a largo plazo, que generalmente están sujetas a menores tasas impositivas en comparación con las ganancias a corto plazo, definidas como menos de doce meses. Esta estrategia fiscal inteligente maximizó mi retorno de inversión y minimizó mis obligaciones tributarias.

Mi experiencia personal con los *Hard Money Loans* ha sido extremadamente positiva. Gracias a este tipo de préstamo, pude adquirir una propiedad estratégica y obtener beneficios significativos al venderla un año después. Este capital ganado me permitió reinvertir en otra propiedad, generando un efecto de apalancamiento financiero que optimizó mi cartera de inversiones inmobiliarias.

Para los inversores interesados en *Hard Money Loans*, es esencial seleccionar prestamistas con una sólida reputación local y preferiblemente nacional. Las referencias y la experiencia previa son cruciales para garantizar una transacción fluida y exitosa. Además, anticiparse a los costos de cierre y entender el modelo de interés mensual son aspectos clave para evaluar la viabilidad de estas opciones financieras.

XII
¡Te cuento todo sobre la compra de propiedades comerciales con financiamiento!

«El mercado es como un péndulo que siempre oscila entre el optimismo insostenible y el pesimismo injustificado».

BENJAMÍN GRAHAM

Los préstamos comerciales

En este capítulo exploraremos los préstamos comerciales, una herramienta crucial para negocios e inversionistas que buscan financiamiento para propiedades multifamiliares, oficinas, restaurantes, instalaciones industriales, bodegas, hoteles y propiedades de uso mixto. Comenzaremos definiendo qué son los préstamos comerciales y cómo difieren de los préstamos residenciales convencionales.

Los préstamos comerciales se obtienen a través de bancos especializados conocidos como bancos comerciales, los cuales ofrecen productos financieros adaptados específicamente para necesidades empresariales. A diferencia de los préstamos residenciales, los comerciales operan bajo distintos parámetros y requisitos, diseñados para cubrir las demandas únicas del sector empresarial.

Un ejemplo ilustrativo de la utilidad de los préstamos comerciales es el caso de un cliente con quien trabajé años atrás. Este cliente poseía cinco propiedades residenciales financiadas con préstamos convencionales. Mediante un proceso de refinanciamiento, logramos liberar capital de estas propiedades para adquirir otras cinco, expandiendo su cartera a un total de diez propiedades en un año. Este conjunto de propiedades forma lo que se conoce como un «portafolio de propiedades».

El portafolio de propiedades es esencialmente un grupo de activos inmobiliarios bajo una sola estructura de financiamiento, lo que simplifica la gestión financiera al consolidar múltiples préstamos en uno solo. Esta estrategia permite a los inversionistas manejar eficazmente sus propiedades bajo una «sombrilla» financiera, facilitando la obtención de préstamos comerciales para propiedades residenciales.

Es importante destacar que los préstamos comerciales para propiedades multifamiliares, oficinas u otros tipos de inmuebles suelen requerir un proceso más largo que otros tipos de financiamiento. Mientras que los préstamos privados o *Hard Money Loans* pueden cerrarse en cuestión de días, los préstamos comerciales pueden demorar entre tres y cuatro meses debido a los rigurosos procesos de documentación y evaluación de riesgos.

En el mundo de los préstamos comerciales, existen dos tipos principales: los préstamos con recurso y los préstamos sin recurso. La mayoría de los préstamos comerciales son de recurso, lo que implica que el banco requiere que pongas la propiedad como garantía. Esto asegura al banco en caso de incumplimiento de pago por parte del prestatario.

Por otro lado, los préstamos sin recurso no requieren ningún tipo de garantía física, lo que los convierte en opciones de alto riesgo. Generalmente, estos préstamos se reservan para relaciones establecidas entre el banco y el inversionista, y son menos comunes en el ámbito residencial o personal.

En cuanto a los programas disponibles para estos préstamos, los intereses suelen ser bastante favorables en comparación con los Hard Money Loans y, en algunos casos, incluso con los préstamos residenciales. Esto se debe a que los préstamos comerciales pueden tener plazos más cortos, típicamente de cinco a veinte años, aunque algunos pueden extenderse hasta veinticinco años. Aunque no llegan a la duración típica de los préstamos residenciales de treinta años, estos plazos más cortos contribuyen a tasas de interés más bajas.

En términos de estructura de pago, los préstamos comerciales pueden ser de interés fijo, variables o amortizados parcialmente, ofreciendo así flexibilidad según las necesidades financieras del negocio. Esta variedad de opciones ayuda a garantizar que los pagos mensuales sean manejables y que el negocio pueda mantener un flujo de efectivo saludable, evitando así que la mayor parte de los ingresos se destinen al pago del préstamo.

En cuanto a los requisitos para obtener un préstamo comercial, estos pueden variar. Generalmente, se requiere un puntaje de crédito mínimo de al menos seiscientos ochenta, aunque un puntaje más alto, como setecientos veinte o más, puede garantizar tasas de interés más favorables, ya que se considera un puntaje VIP en términos de crédito. Además del puntaje crediticio, los bancos suelen solicitar al menos dos años de declaraciones de impuestos personales y comerciales, especialmente si la propiedad genera ingresos como en el caso de propiedades multifamiliares o negocios.

También, se puede requerir un estado de pérdidas y ganancias, conocido como «profit and loss statement», preparado por un contador certificado (CPA), que detalla las ganancias y pérdidas del negocio. Este informe proporciona una visión clara de la salud financiera del negocio y es crucial para evaluar la capacidad del prestatario para hacer frente a las obligaciones del préstamo.

Los préstamos comerciales ofrecen una serie de beneficios para inversionistas y dueños de negocios que proporcionan acceso a capital con tasas de interés competitivas y estructuras de pago flexibles. Sin embargo, obtener un préstamo comercial requiere cumplir con varios requisitos financieros y documentales, asegurando así que el negocio tenga la capacidad financiera y la solidez necesaria para manejar la deuda de manera responsable.

Si resides en Miami, estaré encantada de ofrecerte mi ayuda. Sin embargo, si te encuentras en otro estado, lo más recomendable es que busques la asistencia de un profesional especializado en tu comunidad.

En capitulos anteriores, hemos discutido la importancia de formar tu equipo de cabecera: profesionales como prestamistas y agentes de bienes raíces que sean líderes en sus respectivos campos. La calidad de tu equipo es fundamental; no buscas simplemente a cualquier persona, sino a los mejores en el negocio.

Este es uno de los consejos clave para ayudarte a construir un equipo de expertos que te guíen en la compra, refinanciamiento y reventa de propiedades, facilitando así la creación de flujo de efectivo y la acumulación de riqueza.

XIII
Testimonios de estudiantes del programa Crea Fortunas

«El tiempo es tu amigo, el impulso es tu enemigo. La paciencia es el don más importante del inversionista».

JOHN BOGLE

Este libro es la llave que te abre la puerta al sistema financiero para darte la oportunidad de comprar tu primera propiedad. Será como empezar una caminata en este mundo financiero que te dejará muchísimo dinero y fortuna.

En este capítulo podrás leer los testimonios de dos personas que han estado siguiendo el sistema financiero que hemos descrito desde el capítulo uno.

A continuación, conocerás la historia financiera de Andrea y Yuli, dos chicas invitadas a mi podcast, originarias de Ecuador y Venezuela, respectivamente, inmigrantes, al igual que yo, que llegaron a los Estados Unidos con la intención de invertir y hacer fortuna en este país.

Ver el capítulo completo

Testimonios de Andrea y Yuli
Podcast: CREA FORTUNTAS, TEMPORADA 1
Número: CAPÍTULO 13
Fecha: 2023

En este capítulo les presentamos a dos seguidoras del podcast que muy puntual escuchan y siguen los ejercicios del **Manual al Éxito** y nos cuentan sus experiencias hasta el momento de la grabación de este capítulo.

¡Me inspira saber como les ayuda mi conocimiento a los seguidores de Crea Fortunas!

Araceli: Les voy a presentar a las dos invitadas que tenemos hoy. Primero, empecemos por Andrea y luego por Yuli. ¿Cómo estás, Andrea?

Andrea: Hola, Araceli. Estoy muy bien, muchas gracias por todo lo que nos has enseñado durante este tiempo. La aplicación ha sido excelente a corto y será a largo plazo también.

Araceli: Danos tu nombre completo, de dónde eres y qué haces.

Andrea: Mi nombre es Andrea Campodónico, soy de Ecuador y trabajo para una naviera en estos momentos.

Araceli: Ahorita vamos a saber más información de Andrea, pero vamos a conocer a Yuli.

Yuli: Hola, Araceli, gracias por la invitación. Mi nombre es Yuleidis Morillo, soy de Venezuela. Trabajo en estilismo, cosmetología y también en comercio.

Araceli: Pues tenemos a dos mujeres emprendedoras que, como yo, son migrantes. Venimos de otros países a perseguir el sueño americano. Sabemos que en Estados Unidos todo se puede. ¿Correcto? Quisiera saber, para empezar contigo Andrea, ¿de qué manera te han servido todos los episodios que hemos estado haciendo y el manual al éxito que has estado siguiendo? Porque sé que también sigues el manual.

Andrea: Sí, claro. Inicialmente comencé a escuchar un poco sobre de qué se trataba el manual al éxito y empecé a ver el tema del presupuesto. Yo estaba manejando un presupuesto, pero solo en el tema del ahorro. Estaba ahorrando un 10%, pero cuando me di cuenta de que para lograr la meta que yo quiero, que es comprar mi primera propiedad, necesitaba ajustarme un poco más y comenzar a ahorrar un 30 o 35% para acelerar el tiempo. Y es algo que realmente es una meta muy importante para mí este año. Creo que aplicando lo que tú me has enseñado durante este tiempo, lo podré lograr, Dios mediante, a finales de año.

(UPDATE: ¡Andrea compro su propiedad a finales del mismo año que la entreviste, lo declaro y se cumplió!)

Araceli: Me hablaste de algo muy importante. Fíjense nada más lo que es la importancia de tomar o poner atención a detallitos, como el que hicimos en uno de los capitulos donde me dijiste que no sabías que podías utilizar el 401(k)[6] para comprar una casa. Dime cómo te sentiste en el momento que escuchaste eso y cuéntanos tu caso con el 401(k).?

Andrea: Sí, mi caso con el 401(k) básicamente fue que yo no sabía que podía comprar una propiedad y que no le iban a aplicar impuestos si usaba mis fondos de retiro en mi 401(k). Yo venía depositando al 401(k) por varios años, pero con un porcentaje muy bajo. Cuando me di cuenta de lo que tú habías mencionado, dije que estaba perdiendo dinero pagando tantos impuestos al estado, y me lo estaban descontando directamente de mi nómina, así que preferí empezar a poner más dinero en mi 401(k).

Araceli: Que realmente es tu cuenta de ahorros para un objetivo que es comprar la casa.

Andrea: Correcto.

Araceli: Antes estabas utilizando el sistema al revés; es decir, ahorrabas el 10% del dinero después de impuestos. Con ese método ya te habían quitado un dineral por no poner el dinero en tu 401(k) que es libre de impuestos cuando depositas el dinero desde tu nómina. Fíjense lo importante de este comentario: el mismo dinero, cambiándole solo la forma en que se utiliza, rinde mucho más. ¿Por qué? Porque ahora pusiste alrededor del 35% de tu ingreso. El máximo en 2023 para poder poner en tu 401(k) es de $22,500 USD. El año pasado era un poco menos, va subiendo cada año. Entonces, si tú ganas unos $27,000 USD, puedes subir hasta el 93% de contribución al 401(k). Te aseguro que no sabías eso, ¿Verdad? Bueno, quiere decir que tú puedes haber ganado $27,000 USD y le pusiste $22,500 USD, que es el tope, a tu 401(k). En este ejercicio si la esposa tiene un trabajo o tiene una pequeña empresa puede poner hasta el 93% de su ingreso en el 401(k) y ahorrar sin pagar impuestos y luego usar ese dinero en forma de préstamo para comprar su primera propiedad. Aparte de que el empleador te va a contribuir, te va a hacer un «matching » que es como darte un bono extra. Es decir, al final no vas a pagar impuestos de un dinero que vas a utilizar para comprar tu primera casa y que no te van a penalizar pues sacarlo en forma de préstamo y repagarlo en máximo 5 años es una forma de comprar aceleradamente su primera casa con dinero que tiene los impuestos deferidos.

---

6 Un plan 401(k) es una cuenta de inversión y ahorro que los empleados pueden utilizar para ahorrar para la jubilación. Los empleadores pueden ofrecer estos planes a sus empleados, y los empleados pueden elegir si contribuyen voluntariamente.

Araceli: Exacto. Hay que preguntar en tu trabajo cuál es el máximo que tienen para maximizar tus contribuciones. El dinero que como empleado te diste cuenta de que como W2 te sacan el dinero de enfrente, no hay opción de que, como un «self-employed» o una persona que trabaja por su cuenta como es el caso de Yuli, ella tiene el dinero, lo puede manejar por sí sola y hacer sus estrategias. En tu caso, tú dependes de que ellos te hagan el depósito y, por lo tanto, cuando te ofrezcan ese retiro, hay que tomarlo, así como cualquier otro beneficio que te den, porque es parte de esos beneficios de no pagar más impuestos. Cuéntame un poco, Yuli, de esto en los episodios, ¿Qué es lo que más te ha gustado que te ha dicho: «Wow, esto es una locura, ¿Cómo no lo sabía?» Quiero que me digas ese momento de «qué bueno que estoy escuchando a Araceli en Crea Fortunas porque me está ayudando». ¿De qué manera?

Yuli: Sí, bueno, confieso que ignoraba toda esta información, no sabía nada de ese tema. Como acabas de decir, yo soy trabajadora independiente, no tenía ningún tipo de control de mi dinero. Iba, venía, iba, venía y los gastaba hasta llegar a cero. Pero cuando empecé a escuchar todos los podcasts y analizar los programas, me nutrí de toda esa nueva información sobre la administración del dinero, escuché de estrategias para llevar el control con vistas al futuro, cómo administrarlo, en qué tipo de negocios invertirlo, si invertirlo en la compra de una casa o un local para un negocio. La verdad, son temas que me han emocionado muchísimo. Me abrió la mente. Soy una persona de mente abierta, pero estos temas como que te nutren más. No sabía, nada. Qué impresionante todo lo que se puede hacer y, como tú misma dices, somos inmigrantes que no sabemos casi nada y esos temas me encantan, de verdad.

Araceli: Sí, pues fíjense que algo que acabas de decir es muy importante: somos inmigrantes. Y aunque los que han nacido en Estados Unidos no saben esto porque no viene en el sistema educativo, tampoco las familias saben cómo enseñarles a sus hijos. Entonces, tanto en nuestros países como en Estados Unidos, no hay una educación formal en el sistema educativo donde podamos entender cómo funciona todo este mundo para nuestro beneficio. Obviamente, existe este sistema, todos lo usamos en el pago de nuestros impuestos y en el pago de la mayor cantidad posible de intereses de los créditos que solicitamos para nunca tener dinero propio. Este es un sistema bancario, el banco es el que tiene el control, pero eso es solo hasta el momento en que conocemos la otra cara de la moneda. Dime Andrea, cómo te ayudó a ti el hecho de saber que hay un formato para «agarrar al sistema financiero por los cuernos», como dicen popularmente, y aprovecharlo a tu favor.

Andrea: Bueno, cuando yo me di cuenta de que existía esta oportunidad de poder maximizar mis oportunidades con este sistema financiero, lo primero me contenté mucho porque, además de obtener un conocimiento valioso, aprendí a ejecutarlo a mi favor, porque puedo tener mucho conocimiento y puedo ver muchos podcasts, pero al final del día, si no tengo acción, si no hago las tareas que tú nos envías, no logro nada.

Araceli: Exacto. Ahí viene el manual al éxito. Te pregunto: ¿Ese conocimiento te ha ayudado para entender, practicar y poner esa información frente a ti? ¿Cómo te ha ayudado desde que empezaste?

Andrea: Bueno, me ha ayudado a administrar mejor mi presupuesto y también lo del interés simple. Realmente desconocía al 100% que cuando yo obtengo un carro me cobran tanto de interés. Yo pensé que era el valor total del carro, no año a año.

Araceli: Pero dime, ¿Por qué es importante? ¿Qué te gustó de entender el interés simple y cómo te está ayudando a entender tu propio pago mensual en tu carro?

Andrea: Bueno, primero que todo, quise comprarme un nuevo carro hace algunas semanas atrás y cuando me comenzaron a hablar sobre los intereses, ya lo entendía completamente.

Araceli: ¡Te sentiste empoderada!

Andrea: Lo entendí completamente. Dije, no, no voy a pagar el 25% por este carro, no es una super necesidad para mí en estos momentos. Si yo hubiese creído que era, por ejemplo, un 5% o 4%, seguro que lo tomo, pero como ya sé cómo manejan el tema del interés, pude tomar una mejor decisión para ver mis prioridades financieras.

Araceli: Ahora, Yuli, quisiera saber tu experiencia con el carro porque tú también tienes un tema con el carro. Te dieron un préstamo y me gustaría que lo compartieras un poco. ¿Cuánto tiempo tienes en Estados Unidos, Yuli?

Yuli: Ya tengo tres años, Hace un año obtuve mi carro con sacrificio, como todo. Pero como tú dices, cuando yo fui quería un auto. Aquí tengo el dinero. Si vas el crédito de un automóvil, no importa cómo lo vayas a pagar, el interés siempre será súper, superalto, creo que es 22% o algo así.

Araceli: Y hay que analizar el tiempo que te dan para pagar, mientras más tiempo para pagar, menor será el pago cada mes.

Yuli: Correcto, menos pago mensual. Entonces tú dices no a cuatro años, no a cinco años, pero ese tiempo te hace pagar más. Si lo colocas a más tiempo, vas a pagar menos de ambas cosas. Entonces imagínate. Hoy en día tengo el carro, tengo que pagar los intereses. Luego escucho tu información y digo: ¡Oh, Dios mío, ¡me pasa casi lo mismo que a ella! Después me dije: «¡Quiero otro carro!», pero esta vez voy a optar por los tips, por supuesto.

Araceli: Claro. Lo bueno es que, al principio, para entrar a este sistema financiero con un carro, les comentaba antes del inicio de este podcast, que a mí me aprobaron un crédito vehicular al 29% de interés. Un interés mucho mayor al que el que ustedes tienen ahora. Aun así, le agradezco a ese carrito que me costó como doce años porque lo que pagué encima de lo que debería haber pagado por tanto interés, me lo tuve que estar financiando en el siguiente carro y en el siguiente carro, hasta como por el tercero. Es decir, a veces una compra de este tamaño, como un carro con un interés tan alto, te provoca una situación de varios años. Sin embargo, yo no hubiera podido comprar la primera casa sin ese auto, el beneficio fue más grande que el interés.

Entonces, este método sirve para aquellos que quieran entrar al sistema financiero, si no han tenido ningún crédito, o si no tienen ningún familiar que los ayude a ser cofirmante para que te den mejor interés, vale la pena hacerlo una vez en la vida. Obviamente, ya para el segundo carro no vuelves a permitir que nadie te vea la cara jamás. Inclusive, una pequeña historia: cada vez que cambio de carro, estoy preparada para estar doce horas en la concesionaria, volver locos a los dueños, al vendedor, al del crédito financiero, a todos. Les digo «A mí me vas a dar el porcentaje más bajo» y los vuelvo locos. No me importa estar ahí por doce horas porque sé que yo voy a ganar, no les permito que me den lo que ellos quieran. Yo negocio hasta el último minuto, el último centavo. En el último auto, obtuve por ejemplo $4,000 USD de descuento en el auto y un interés más bajo, ¿Pero sabes por qué? Porque el conocimiento te empodera.

Ahora, tú, Andrea, cuéntanos cómo te ha funcionado todo lo que has aprendido en esta primera serie de Crea Fortunas, cuéntanos tu experiencia para entrar al sistema financiero, lo que has aprendido de los presupuestos, de los intereses, de que ahora ya sabes cuándo vas a un comercio y te hablan de crédito y de intereses y tú ya entiendes todo. No te van a meter el crédito que quieren. ¿Cómo te sientes ahora? ¿Cómo te estás preparando para esa primera inversión?

Andrea: Como tú dices, aprender te empodera ¿No? entonces creo que te escucho, me quedo con ganas de saber más, no solamente con ese poquito, sino de saber muy bien, ¿Cómo hago esto y aquello? me quedo con ganas de saber más para tener mayores beneficios en este sistema financiero. Me encanta la manera en que me estoy preparando para ahorrar y aplicar lo que aprendí. Ahora sé cómo sacar mayor provecho de mi crédito, porque sé tengo todavía la oportunidad de mejorarlo, terminar de pagar las deudas que tengo.

Araceli: ¿Viste la fórmula del episodio uno en el manual al éxito? ¿La has aplicado para ver hasta cuánto tienes que gastar para que tu puntaje aumente?

Andrea: Sí, lo he aplicado.

Araceli: Perfecto. Pues eso es lo que tenemos que hacer. ¿Cómo lo has hecho tú, Yuli? ¿De qué te ha servido? ¿Dime cuál es tu meta a mediano plazo utilizando lo que estás aprendiendo en este sistema?.

Yuli: Bueno, metas tengo muchas. Quiero ser como tú, creo. Admiro tu potencial como mujer emprendedora, como madre, de verdad eso me llena muchísimo. Me gustan las personas que hacen negocios, que tienen casa y empresas. Admiro eso porque me gusta. Inclusive, he escuchado muchos programas sobre este tema, pero no era lo mismo. Cuando alguien entra al programa, lo acompañas, le haces seguimiento a través de mensajes, escuchas las tareas.

En mi caso, a veces me desvío un poco porque son tantas cosas, pero sé que pronto tendré mi casa. Y pienso que todo esto me va a enseñar muchísimo porque como todo, hay gastos, es un programa, una organización, es todo paso a paso y con organización todo se logra.

Araceli: El proceso de comprar, usualmente se demora dos años para cumplir todos los pasos que les he dicho. Obviamente, ya quien tiene más de dos años viviendo en Estados Unidos y ya ha declarado impuestos y ha ganado dinero, ya ha adelantado toda esa parte, que es la más difícil. Ahora solo tiene que ahorrar el dinero porque seguramente ya tiene trabajo y un buen puntaje de crédito. A lo mejor lo está mejorando, pero ya lo tiene. Si ya tienes dos de las tres cosas importantes podría llegar más rápido a la meta. Tan seguro que, como va el plan, al final de año o a principios del año que viene esa persona va a comprar su primera casa.

Chicas, ustedes que ya cumplen con estos requisitos, ahora les digo que esto apenas es el comienzo. Yo solo les enseño a gatear y una vez que terminen de gatear, la siguiente serie va a ser para que aprendan a caminar, para que sepan cómo utilizar el crédito en más detalle. Si tienen problemas de crédito, sabrán cómo resolverlos, hay muchos tips, muchísimas cosas que se pueden hacer. Y después de eso, aprenderán a ser empresarias, que es lo más importante. El primer paso para empezar el éxito total es convertirse en empresarios. Eso viene más adelante. La verdad, estoy muy contenta de haberlas tenido el día de hoy en este episodio, de compartir experiencias.

Yuli: Me gusta todo lo que he aprendido porque podré enseñárselo a mis hijas. Eso me encanta porque crecerán con una mentalidad distinta y más amplia que la mía. Ya quiero escucharlas decir: "Mamá, cuando yo sea grande voy a tener mi casa, voy a ser emprendedora, voy a ser empresaria».

Araceli: Me fascina. Eso es tener visión de futuro. Tú que tienes hijas, es lo más importante. ¿Las últimas palabras, Andrea?

Andrea: Sí, claro. Yo realmente le recomiendo a todos que sigan todos los vídeos, todo el programa que tiene Araceli, porque realmente es impresionante cómo te abre la mente. Nadie tiene lo que ella tiene porque no tiene miedo a enseñar, no tiene miedo a abrir su mente y compartir todo lo que ha aprendido. Lo que he notado es que otras personas lo comparten a medias, pero no comparten a detalle porque tienen ese celo de compartir esa información. Pero Araceli no tiene ese celo porque es parte de su misión y ella quiere ayudar a las personas porque es parte de su propósito.

Araceli: Araceli: ¡Qué lindas palabras, gracias! sí, sinceramente, el libro fue creado para no quedarme yo con esta información. El día que me muera, ¿Qué va a pasar? me quedó con todo y me voy con toda la información. Hay que compartir lo que se aprende.

Me gusta decirle a la gente cómo pude llegar a crear mi propia fortuna en Estados Unidos, llegar a mi primer millón de dólares, que me costó diez años llegar, pero de allí fue fácil seguir ganando por esos niveles anualmente. Yo les puedo ayudar a ustedes a que lleguen en mucho menos tiempo. Sigan los pasos que les estoy dando en esta serie y en las siguientes, y van a poder llegar mucho más rápido. El millón es solamente un número simbólico, pero pueden ser diez, veinte... El límite no existe. ¿Cuáles son tus últimas palabras, Yuli?

Yuli: Como tú dices, Araceli, nadie nos enseña a crecer financieramente. O sea, solo sabemos gastar y gastar. Contigo, de verdad, he aprendido muchísimo. Te agradezco, por supuesto, también abrirme las puertas de tu hogar y por presentarme al equipo que tienes acá. Sigue así, sigue creciendo, quiero seguir aprendiendo, quiero seguir escuchando tus programas, seguirte en todas las redes y compartirlo porque, como tú dices, no lo podemos dejar aquí. Esto hay que compartirlo para el futuro. Esto hay que enseñárselo a niños y a adultos, porque no saben de esto, a pesar de tener años acá en este país, Estados Unidos es para todo el mundo, para aprender, para enseñar, para nutrirnos de estos buenos temas. Estos temas son importantes, mi consejo es que no pierdan tiempo viendo telenovelas, más bien vean este programa que les va a enseñar algo bueno para el futuro, para que crezcan. ¡De verdad que sí, muchas gracias.!

Araceli: Así es, muchísimas gracias, a las dos. Llegamos al final de este capítulo. Estoy muy contenta de escuchar estos testimonios y de saber que vamos a tenerlas en dos años hablándonos de su propiedad, de cómo la compraron, de lo hermosa que está.

Con Andrea Campodonico y Yuleidis Morillo en la grabación del Podcast con Mando mi bebé

XIV
Hazte millonario con el dinero de otros

«El activo más poderoso que tenemos es nuestra mente. Entrenada de la forma correcta, es una máquina generadora de riqueza».
ROBERT KIYOSAKI

La mentalidad financiera del estadounidense

En este capítulo nos concentraremos en un tema crucial, pero a menudo mal entendido por muchos latinos, especialmente aquellos recién llegados: las deudas. ¿Por qué comprar cosas con deudas? ¿Por qué endeudarnos en lugar de utilizar nuestros propios recursos? este enfoque tradicional sobre las deudas es limitante y no nos permite ver su verdadero potencial. Hoy aprenderemos a cambiar nuestra perspectiva hacia las deudas y entender cómo pueden ser utilizadas estratégicamente para crear riqueza. Sabrás cómo el uso inteligente del dinero de otros puede abrirte el camino hacia la fortuna y el éxito financiero.

Cuando llegué a Estados Unidos, aprendí, de manera radical, cómo los estadounidenses desarrollan su mentalidad financiera. En contraste con la visión tradicional de mis raíces latinas, aquí aprendí que no necesitaba tener dinero propio para acceder a oportunidades como comprar propiedades, obtener tarjetas de crédito, adquirir autos o incluso convertirme en inversionista y empresaria. Sentí que había descubierto una mina de oro en plena «fiebre del oro de California», como si el sistema financiero estaba diseñado para que yo pudiera aprovecharlo al máximo.

En este país, el buen crédito es la llave que abre muchas puertas. Hablamos en capítulos anteriores sobre la importancia de construir y mantener un buen puntaje crediticio, lo que te permite que puedas acceder a los mejores intereses y condiciones financieras. El buen uso de las tarjetas de crédito puede beneficiarte de un período de hasta cincuenta y cinco días sin intereses. Esto significa que tienes acceso a dinero gratis durante ese tiempo.

Puedes apalancarte aún más si usas otros productos financieros del banco para gestionar tus flujos de efectivo de manera eficiente. Esto significa que, mientras estás aprovechando el dinero del sistema financiero para hacer crecer tus inversiones o satisfacer tus necesidades, puedes mantener tu propio dinero disponible para otros usos, inversiones o emergencias.

El sistema financiero está diseñado para que puedas utilizarlo a tu favor, aunque comúnmente se perciba como una trampa que te ata con deudas e intereses. Sin embargo, si sigues las estrategias que te enseñamos en estos episodios y los siguientes, podrás aprovecharlo para tu beneficio.

Es cierto que pagarás intereses en ciertos casos, pero si utilizas estos productos de manera inteligente y estratégica, el mayor beneficio económico será para ti, no para el banco.

Recuerda, la clave es abrir líneas de crédito con responsabilidad. Existe una fórmula que te ayudará a mantener el control sobre tus finanzas y a evitar el exceso de endeudamiento. Con un buen plan y la disciplina adecuada, podrás utilizar el sistema financiero para construir un futuro financiero sólido y exitoso.

¿Sabías que cuando visitas un concesionario de automóviles, puedes negociar la adquisición de un vehículo con una inversión inicial mínima? a diferencia de la práctica común en nuestros países, donde se paga un auto en efectivo de inmediato, en Estados Unidos tienes la opción de extender los pagos hasta siete años. Este plazo extendido te permite reducir el monto mensual a pagar, haciéndolo más manejable a lo largo del tiempo.

Es importante distinguir entre la compra y el arrendamiento de un automóvil. El arrendamiento *(leasing)* puede parecer una opción atractiva inicialmente, pero comprar un auto ofrece múltiples beneficios a largo plazo. Primero, te conviertes en propietario del vehículo, lo que te permite venderlo posteriormente cuando desees actualizarlo o cambiarlo. Segundo, poseer un automóvil también tiene implicaciones fiscales positivas, como la depreciación que puede ser utilizada para reducir tus obligaciones tributarias. Tercero, el vehículo se convierte en un activo que puede ser considerado como gasto de negocios, un tema que exploraremos detalladamente en secciones posteriores.

Antes de adentrarnos en estrategias específicas de inversión, es crucial que comprendas cómo puedes acceder a activos utilizando el dinero de otros. Un aspecto fundamental es la compra de una casa, una oportunidad que aproveché personalmente para adquirir mi primera propiedad con un depósito inicial mínimo. En la actualidad, programas como los ofrecidos por bancos permiten financiar hasta el 100% del valor de la propiedad, lo único que te exigen es que cubras los gastos de cierre, un monto que equivale al 6% del valor total del inmueble.

Endeudarse te ayuda a generar capital

Para acceder a esta oportunidad es indispensable que puedas adoptar hábitos de ahorro disciplinados. Como mencioné en capítulos anteriores, puedes comenzar disminuyendo tus gastos en placeres momentáneos, como cafés, cenas en restaurantes, viajes o compras de lujo, hasta que puedas ahorrar el monto necesario para cubrir los gastos de cierre de la compra de tu propiedad. Esta inversión inicial, respaldada por el sistema financiero, te permite obtener un préstamo con plazos extendidos, como treinta, cuarenta o incluso cincuenta años en algunos casos, lo cual resulta especialmente ventajoso en períodos de tasas de interés altas como los que estamos experimentando en la actualidad.

La ventaja de plazos prolongados radica en la reducción del pago mensual, lo que hace más factible la mensualidad de la hipoteca. Aunque es improbable que permanezcas en una propiedad por la duración total del préstamo, el ciclo promedio de cinco a siete años permite capitalizar sobre la plusvalía generada al vender la propiedad, marcando así el inicio de la construcción de tu fortuna. Esta plusvalía representa una forma efectiva de multiplicar tu inversión inicial con muy poco capital propio invertido.

Comparativamente, alquilar implica destinar fondos a una inversión de corto plazo que no genera retornos significativos a largo plazo, ya que el dinero destinado a la renta se considera una pérdida irreparable. Al optar por la compra de un inmueble, no solo te permite ser el propietario de un activo tangible que puede apreciarse en valor, sino que también te permite aprovechar las ventajas fiscales derivadas de la propiedad y la capacidad de utilizarla como un activo en tu negocio.

Un amigo cercano que vive en Chicago, tras casi tres décadas en Estados Unidos, me confesó que nunca pudo ahorrar, ni establecer un historial crediticio, por pagar todo en efectivo. Esta práctica, común en otros países, limita severamente las oportunidades de crecimiento financiero. La clave radica en saber en qué invertir, ese es el camino hacia la multiplicación del capital. Las deudas, vistas tradicionalmente como negativas, en realidad son aliadas poderosas cuando se gestionan estratégicamente dentro del sistema financiero estadounidense.

Utilizar el crédito de manera inteligente y aprovechar las oportunidades que ofrece el sistema financiero es esencial para crear y expandir tu fortuna. La inversión bien dirigida no solo genera retornos financieros significativos, sino que también establece un legado financiero sólido para las generaciones futuras. Este enfoque estratégico es fundamental para maximizar el potencial de crecimiento financiero y asegurar un futuro próspero.

Imagina por un momento que un banco te ofrece un préstamo de cien mil dólares para comprar un automóvil, o incluso medio millón para adquirir una casa. ¿Cuánto tiempo te llevaría ahorrar esa cantidad por tu cuenta? El crédito juega un papel crucial en este escenario; es el factor determinante que define cómo los bancos evalúan tu capacidad financiera. En Estados Unidos, tu puntaje de crédito no solo refleja tu historial de pagos, sino también la confianza que los prestamistas tienen en ti. Un puntaje alto no solo fortalece tu perfil crediticio, sino que también te otorga acceso a montos más grandes y tasas de interés más bajas, haciendo que el dinero sea más accesible y económico para ti.

Es fundamental aprovechar esta ventana de oportunidad que nos ofrece el sistema financiero actual. Aunque el panorama económico puede cambiar en el futuro, debemos capitalizar las estructuras financieras establecidas durante décadas para nuestro beneficio personal. ¿Te has preguntado por qué solo el 1% de la población en Estados Unidos acumula la mayor parte de la riqueza del país?; La respuesta no siempre está en el trabajo arduo o en ingresos iniciales significativos, más bien radica en la capacidad para utilizar eficazmente el dinero de otros para inversiones productivas.

Empresas emblemáticas como Amazon, Tesla y SpaceX, lideradas por visionarios magnates como Jeff Bezos y Elon Musk, son ejemplos perfectos de cómo las fortunas se construyen utilizando capital ajeno. Estos empresarios no solo han sabido capitalizar el sistema financiero a su favor, sino que también han aprovechado los incentivos gubernamentales destinados a sectores específicos para potenciar sus inversiones. Este enfoque estratégico no solo les ha permitido acumular riqueza, sino también expandir significativamente sus operaciones y valor de mercado.

En el próximo libro enfocado a empresarios, profundizaremos aún más en estrategias para realizar inversiones a corto, mediano y largo plazo, todas diseñadas para incrementar tu patrimonio de manera sostenida. La clave reside en entender que no es necesario vivir al límite de tus ingresos, preocupado constantemente por gastos cotidianos como facturas, renta o gasolina. Al emplear sabiamente los productos financieros disponibles, puedes convertir tus finanzas en una fuente constante de crecimiento y seguridad económica.

Mi consejo, no temas utilizar el crédito de manera inteligente para avanzar hacia tus metas financieras. Deja que tu dinero trabaje para ti, multiplicándose mediante inversiones estratégicas y aprovechando al máximo las oportunidades que el sistema financiero ofrece. Al hacerlo, estarás dando los primeros pasos hacia la realización del sueño americano, no solo adquiriendo propiedades o negocios, sino también estableciendo un legado financiero duradero mediante el uso eficiente del capital ajeno.

XV
Conoce la importancia de una compañía de título

«La clave es hacer compañía solo con las personas que lo elevan, cuya presencia llama lo mejor posible».
EPICTETO

En este capítulo, compartiré contigo una de las entrevistas más productivas que hemos tenido en mi podcast. La invitada especial fue una agente de título, llamada Laura, quien nos brindó una visión detallada sobre el proceso de las compañías de título.

Podcast: CREA FORTUNTAS, TEMPORADA 1
Número: EPISODIO 15
Fecha: 2023

Araceli: Laura, bienvenida y gracias por estar aquí con nosotros. ¿Podrías contarnos cuánto tiempo llevas trabajando en este negocio y qué te motivó a entrar en él?

Laura: Hola, gracias por recibirme. Llevo ya quince años en el negocio de las compañías de título. Mi entrada fue bastante casual, a través de una familia que era propietaria de una de estas compañías. Al principio, me sentía un poco perdida, pero con el tiempo y la experiencia adquirida en estos años, he llegado a apreciar profundamente la importancia y la complejidad de este campo.

Araceli: Para nuestros seguidores, ¿podrías definir qué es exactamente una compañía de título y quiénes la utilizan?

Laura: Claro, una compañía de título es esencialmente una entidad que garantiza la validez y la legalidad de una inversión inmobiliaria. Nosotros nos encargamos de asegurar que la propiedad que estás comprando no tenga problemas legales o reclamos anteriores que puedan afectarte. Desde antes de que adquieras la casa hasta que los documentos estén registrados, nuestra responsabilidad es asegurar que todo el proceso se lleve a cabo de manera segura y legal.

Araceli: En algunos estados de Estados Unidos, la compañía de título no es parte del proceso, sino que los abogados cumplen ese rol. ¿Podrías explicarnos cómo funciona esto y cuál es la diferencia?

Laura: Correcto, en estados como Florida, la compañía de título puede actuar como intermediaria en el proceso de cierre de la transacción. A diferencia de otros estados donde los abogados representan directamente a compradores y vendedores, en Florida la compañía de título puede facilitar el cierre sin representar a ninguna de las partes de manera legal. Nuestro rol principal es asegurar la propiedad mediante una póliza de título que garantice la compra libre de problemas legales.

Araceli: ¿Quién usualmente escoge la compañía de título en una transacción inmobiliaria?

Laura: En la mayoría de los casos, es el comprador quien tiene la opción de seleccionar la compañía de título. Esto se debe a que es el comprador quien paga por la póliza de título, la cual asegura su inversión. Sin embargo, en ciertos condados de Florida, la elección puede variar dependiendo de las circunstancias de la transacción.

Araceli: ¿Podrías explicarnos por qué ningún vendedor puede obligar a un comprador a cerrar con ellos a menos que ellos paguen por la póliza de título?

Laura: Claro, es un punto importante. La póliza de título asegura la propiedad de cualquier reclamo o deuda pasada que pueda surgir, protegiendo así la inversión del comprador. Si el vendedor paga por la póliza, el comprador se beneficia al ahorrarse una suma considerable de dinero, dependiendo del precio de la propiedad.

Araceli: Laura, ¿podrías compartir con nosotros esos consejos adicionales que mencionaste en relación con el contrato?

Laura: ¡Por supuesto!. Uno de los aspectos menos conocidos, pero críticamente importantes en el contrato son los impuestos de la propiedad. En muchos cierres, se prorratean los impuestos con base en el año fiscal anterior. Sin embargo, si los impuestos del año actual resultan ser más altos de lo esperado, el comprador tiene el derecho de negociar un ajuste con el vendedor. Esto es crucial porque garantiza que el comprador no asuma una carga financiera inesperada debido a cambios en los impuestos.

Araceli: ¡Es fascinante!, Laura. ¿Podrías profundizar un poco más sobre cómo estos ajustes pueden afectar al comprador?

Laura: ¡Claro!. Imagina que un comprador adquiere una propiedad a mediados del año fiscal y luego los impuestos se incrementan significativamente.

En este caso, el comprador no debería cargar con el costo adicional completo de estos impuestos más altos. Según el contrato, tiene derecho a revisar y prorratear nuevamente los impuestos con el vendedor, lo que asegura un trato justo para ambas partes.

Araceli: ¡Qué interesante! Este es definitivamente uno de esos consejos valiosos que pocos conocen. Laura, ¿Podrías compartir tu experiencia personal en este campo?

Laura: Claro, hubo un momento bastante inesperado y estresante durante mi trabajo anterior en una compañía de títulos. Recuerdo que estábamos gestionando el cierre de una venta corta (short sale) cuando de repente el vendedor apareció en la oficina con su esposa. Nos informaron que estaban comprando la casa, lo cual parecía estar en orden. Sin embargo, surgió un giro inesperado cuando el vendedor dijo que su esposa debía estar presente para firmar los documentos.

En ese momento, surgió cierta confusión ya que el vendedor no había anticipado que su esposa necesitaba firmar también. Después de algunos momentos de negociación, quedó claro que la esposa no estaba al tanto de la compra, ya que era una sorpresa planeada por el esposo. Esto cambió significativamente el curso de la transacción, ya que la presencia de la esposa era crucial para proceder con el cierre.

Finalmente, el vendedor regresó al día siguiente con su esposa, y pudimos completar el proceso. Fue una situación divertida y única, donde aprendimos sobre la importancia de la comunicación clara y la preparación completa en cada etapa del proceso de cierre.
Esta anécdota subraya la naturaleza impredecible pero fascinante del trabajo en compañías de títulos, donde cada día trae consigo nuevos desafíos y experiencias que enriquecen nuestro entendimiento del mercado inmobiliario y las transacciones legales.

Araceli: Laura, explícanos qué es una venta corta, ya que mencionaste esa palabra para poder explicarla.

Laura: Claro, una venta corta, conocida como short sale en inglés, ocurre antes de que el banco tome posesión de la propiedad debido a una ejecución hipotecaria. En este proceso, el propietario todavía es dueño de la propiedad, pero la vende por menos de lo que debe al banco. Es crucial que el banco apruebe esta venta por un monto menor al préstamo pendiente. La diferencia, por lo general, se perdona o se negocia como parte del acuerdo. Sin embargo, es importante tener en cuenta que el banco reportará esta pérdida, lo cual puede tener implicaciones fiscales para el vendedor.
Si la propiedad es una residencia principal y no ha sido refinanciada para extraer dinero en efectivo, el vendedor podría beneficiarse de ciertas exenciones fiscales. Por otro lado, si la propiedad ha sido refinanciada y el dinero se utilizó para otros fines, el vendedor podría enfrentar responsabilidades fiscales adicionales. Es crucial consultar con un contador para determinar el impacto exacto en los impuestos personales.

Durante la crisis hipotecaria, las ventas cortas fueron una estrategia común para evitar la ejecución hipotecaria, permitiendo a los propietarios evitar el impacto negativo de una ejecución hipotecaria en sus informes crediticios. Aunque la popularidad de las ventas cortas ha disminuido, todavía pueden ser una opción viable para los propietariosque enfrentan dificultades financieras y desean evitar la ejecución hipotecaria.

Laura: ¡Con gusto!. Con más de veinticinco años en el negocio inmobiliario, he aprendido que cada transacción ofrece la oportunidad de descubrir nuevos aspectos legales y financieros. Este tipo de conocimientos son esenciales para proteger los intereses de mis clientes y garantizar transacciones exitosas.

Araceli: Laura, ¿Podrías explicarnos por qué es crucial entender las cláusulas relacionadas con la elección y el pago del seguro de título?

Laura: Es un tema fundamental. Las cláusulas del contrato ofrecen opciones significativas para el comprador y el vendedor. Por ejemplo, una de ellas permite que el vendedor seleccione la compañía de título y pague por la póliza de título. Esto puede beneficiar al comprador al ahorrarle una cantidad considerable de dinero, que depende del precio de venta de la propiedad.

Araceli: ¿Podrías detallarnos las implicaciones de que el comprador elija su propia compañía de título y pague por la póliza?

Laura: Cuando el comprador decide elegir su propia compañía de título, asume la responsabilidad de pagar la póliza de título. Sin embargo, esto le permite seleccionar una compañía en la que confíe, lo cual es crucial para asegurar que la transacción se realice con integridad y precisión. Además, el vendedor debe pagar por otros gastos relacionados, como la búsqueda de título y el informe de la ciudad, lo cual alivia al comprador de ciertos costos adicionales.

Araceli: Entiendo, Laura. ¿Podrías explicar cuál es el beneficio específico para el comprador al escoger su propia compañía de título?

Laura: El principal beneficio radica en la confianza y la seguridad. Al elegir una compañía de título de su preferencia, el comprador puede asegurarse de que el proceso de cierre sea manejado por profesionales en los que confía plenamente. Además, algunas compañías ofrecen descuentos o beneficios adicionales a clientes recurrentes, lo cual puede resultar en ahorros significativos en los costos de cierre.

Araceli: ¡Eso suena muy ventajoso!. Laura, ¿Podrías compartir alguna anécdota o experiencia personal relacionada con esto?

Laura: ¡Absolutamente!. Durante mis años en el negocio, he aprendido que la confianza en el equipo de cierre es fundamental para una transacción exitosa. Trabajar con una compañía de título de confianza, como la que conozco y donde he establecido relaciones a lo largo de los años, garantiza un servicio impecable y la tranquilidad para todas las partes involucradas.

Araceli: Laura, cuéntanos sobre alguna experiencia memorable que hayas tenido en tu carrera.

Araceli: Al principio, todos los compradores suelen preocuparse por el dinero que están invirtiendo. Es natural preguntarse: «¿Qué pasa si no cierro? ¿Pierdo mi depósito?». Es crucial tener claridad en estos aspectos desde el inicio. Existen cláusulas diseñadas para proteger al comprador en caso de eventualidades. Aquí es donde entra en juego el trabajo meticuloso de los agentes de bienes raíces, quienes se aseguran de que el comprador pueda reclamar su depósito hasta el último momento.

Laura: Una de las cláusulas más importantes es la conocida como loan commitment o carta del banco. Esta carta es la confirmación de que el préstamo hipotecario está aprobado, estableciendo un plazo límite típicamente de treinta días (a veces ajustable) para cerrar la transacción. Esta cláusula es fundamental porque permite al comprador reclamar su dinero de depósito en caso de que surjan complicaciones con el financiamiento[8].

Es importante destacar que, como compañía de título, no tomamos partido por ninguno de los dos lados en disputas relacionadas con el depósito en *escrow*. Nuestro rol es mantener el depósito seguro hasta que se resuelva el problema, ya sea extendiendo el plazo de la carta del banco o resolviendo cualquier otro asunto pendiente. En ocasiones, esto puede implicar procedimientos de arbitraje o incluso disputas legales.

Araceli: Espero que toda esta información les sea de gran ayuda mientras se embarcan en la emocionante aventura de comprar una propiedad. Como mencionamos anteriormente, nuestro objetivo es ayudarles a construir su patrimonio, desde ingresar al sistema financiero hasta convertirse en inversionistas expertos.
Gracias, Laura, por compartir estos conocimientos valiosos con nosotros. Sin duda, has proporcionado una perspectiva esencial sobre las compañías de título y las cláusulas contractuales que impactan las transacciones inmobiliarias.

Laura: El placer ha sido mío. Siempre es un placer poder contribuir con mi experiencia.

---

8 Un depósito en escrow es un acuerdo financiero en el que un tercero (generalmente una compañía de títulos, un abogado o un agente de escrow) retiene temporalmente dinero, documentos o activos en nombre de dos partes involucradas en una transacción, hasta que se cumplan ciertas condiciones o se finalice el acuerdo.

XVI
Mi historia de Crear Fortunas en Estados Unidos

«No ahorres lo que te queda después de gastar, gasta lo que te queda después de ahorrar»

WARREN BUFFETT

El gran arranque

En el capítulo uno te conté cómo fue que pude compara mi primera propiedad. En este capítulo te hablaré sobre cómo fue que compré las demás. Aunque he comprado un total de veintinueve propiedades, me centraré en resumir cómo fue que pude comprar las primeras transacciones y cómo superé los desafíos para alcanzar mis metas.

La primera propiedad que compré fue el dúplex en Chicago, cuando apenas tenía veinte años. El proceso culminó justo antes de cumplir veintiuno, lo que para mí fue mi gran regalo, mi sueño americano cumplido. Para calificar, tuve que ahorrar para los gastos de cierre y el enganche del 3.5%, necesario para obtener un préstamo FHA. Esta compra resultó ser una de las mejores, ya que al final del proceso recibí dinero de regreso, un beneficio que desconocía al comenzar mi búsqueda.

Mi agente de bienes raíces fue fundamental en este logro. Más allá de facilitar la transacción, me enseñó valiosas lecciones sobre el mundo de las inversiones y la compra de bienes raíces. Aprovechamos que era un mercado favorable para los compradores, en el cual el vendedor estaba dispuesto a cubrir los gastos de cierre. Esta disposición del vendedor se conoce como buyer's market, cuando los compradores tienen la ventaja de negociar beneficios adicionales.

Además de los gastos de cierre, negociamos una compensación adicional de aproximadamente $6,000 USD para remodelar el segundo piso de la propiedad, que inicialmente estaba en mal estado. Esta oportunidad no solo mejoró significativamente la propiedad, sino que también aumentó su valor a mediano y largo plazo.

El buen ojo de un agente de bienes raíces

Con el paso de los años, refinancié la propiedad varias veces para aprovechar su apreciación. Cada refinanciamiento me permitió extraer la plusvalía para iniciar mi primer negocio, una escuela de manejo en Chicago.

Mi 1er negocio en Chicago una escuela de manejo en 1996 foto de por fuera y por dentro

Además, refinancié nuevamente para invertir en el negocio ya que el dinero del préstamo no paga impuestos, lo que aseguró que mi capital continuara creciendo con la propiedad.

Recuerdo claramente lo que le dije a mi agente de bienes raíces, justo antes de comprar mi primera propiedad: «Ayúdame a comprar en un área que aún no esté bien desarrollada pero que tenga el potencial de crecimiento». La tarea no fue sencilla, había que buscar una vivienda en lugares que no tenían para aquel entonces una buena reputación en términos de crimen o infraestructura, pero que tenían potencial para mejorar en los próximos cinco o diez años. Para mi sorpresa, el sector donde estaba ubicado mi apartamento dúplex comenzó su mejoría mucho antes de lo esperado, lo que me permitió beneficiarme enormemente.

Con esa transacción logramos convencer al vendedor para que cubriera los gastos de cierre.

Viví en esa propiedad durante cinco o seis años sin tener que pagar hipoteca, ya que los ingresos de los inquilinos cubrían los costos mensuales. Esta estrategia no solo me permitió vivir sin gastos de alojamiento, sino también acumular capital para futuras inversiones.

Esta mi primer propiedad la refinanciaba cada año debido a que tenía plusvalía la cual en el tercer año decidí expandir mis inversiones con una segunda propiedad y rentar la primera propiedad con el pago de las tres unidades(sótano que remodele y convertí en un pequeño apartamento, el segundo piso el cual lo rente y el primer piso donde vivía y estaba totalmente remodelado cuando compre la propiedad) me cubrían los gastos de la primer propiedad y me permitía cubrir la mayor parte del pago mensual de la segunda propiedad donde yo vivía, ya sin inquilinos, pues era una casa familiar.

De Chicago a Miami

La segunda propiedad en Chicago como menciono fue una casa de dos pisos. Después de un año y medio, decidí mudarme a Miami con los frutos de mis inversiones: unos impresionantes cien mil dólares obtenidos de la venta final de la primera propiedad.

En Miami, con toda esta experiencia y capital acumulado, me esforcé para no tener que pagar alquiler, lo cual era difícil después de tantos años de beneficios como propietaria. Al principio, tuve que alquilar un apartamento, pero fue temporalmente mientras compraba un pequeño condominio que sería nuestro nuevo hogar.

Este trayecto ilustra la importancia de invertir estratégicamente en bienes raíces y aprovechar el potencial de crecimiento en áreas aún por desarrollarse. A través de negociaciones inteligentes y refinanciamientos oportunos, pude asegurar mi vivienda sin costos y establecerme como empresaria e inversionista antes de cumplir los veinticinco años.

Cuando me casé con el padre de Joshua en Miami nos mudamos primero a un condominio que compro el en Hialeah Gardens donde no me gusto vivir por el tráfico y lejanía a la playa, así que al año nos mudamos a Miami Beach, un lugar que desde mi primera visita me había enamorado por su ambiente de mar y por brindarme una sensación de estar siempre de vacaciones. Vivir cerca del mar era como estar en un paraíso permanente.

Allí en la playa alquilamos mientras buscábamos comprar la casa que mande construir en pre-construcción y que me entregaron justo antes de que naciera mi hijo Joshua. Justo cuando nos mudamos a la casa nueva también compré dos condominios en el mismo edificio donde residíamos en la playa y los mantuve como condominios de inversión y de alquiler.

Cuando nos mudamos a la casa que construimos a la medida, apliqué la misma estrategia que había utilizado en Chicago. Saqué provecho de la creciente demanda que había en Miami para comprar varios apartamentos en un momento conocido como «conversión de apartamentos a condominios». Esta estrategia resultó ser muy exitosa debido al aumento en los valores de los bienes raíces en esos años, especialmente entre el 2003 al 2006.

En el 2005 compre mi casa soñada, la cual remodele por completo construí un cine dentro de la casa, una cocina estilo italiana donde celebre cientos de fiestas en los 14 años que vivimos allí, ¡algunas veces tuve 150 personas en las fiestas! Fue una propiedad que disfrutamos al máximo Joshua y yo y que nos dejó unas memorias hermosísimas. Acá unas fotos de esa casa.

La casa que compre en 2005 por $1.4 millones que remodele por completo. La cocina estilo italiano diseñada por mi.

El cine que mande hacer dentro de esta casa de mis sueños.

En el capítulo siguiente revelaré detalles de cómo fue que una de mis primeras compras de apartamentos me generó beneficios continuos por ya más de veinte años.

Entre 2002 y 2008, compré ocho condominios en Miami Beach, Brickell y Daytona, también invertí en propiedades que estaban por construirse en otras áreas de Miami. Estábamos en pleno auge del mercado, pero todo se desplomó en 2008.

A pesar de la caída del mercado, para ese momento ya poseía siete propiedades. En el próximo capítulo, compartiré qué hice con el dinero que obtuve de refinanciamientos y líneas de crédito hipotecarias durante esos años. Estas líneas de crédito hipotecarias funcionaban como una hipoteca secundaria, proporcionándome flexibilidad financiera para expandir mis inversiones inmobiliarias estratégicamente.

Gracias al buen tino que tuve para estas inversiones inmobiliarias y financieras, logré construir un portafolio robusto, utilizando estrategias inteligentes y aprovechando las oportunidades del mercado inmobiliario en diferentes épocas.

El mercado inmobiliario siempre ofrece oportunidades

2008 fue un año siniestro para muchos propietarios. El país entró en recesión económica y el mercado colapsó. Pero de lo malo, siempre surgen cosas buenas. Durante ese año, hubo muchos juicios hipotecarios que terminaron por rematar muchas propiedades, lo que me permitió adquirir quince a precios reducidos. Recuerdo claramente cómo los préstamos tóxicos inundaron el mercado secundario y desencadenaron un caos global, afectando incluso a Wall Street.

Aunque la oportunidad era tentadora, decidí no permanecer en ese mercado a largo plazo debido a la volatilidad inherente y el impacto en las vidas de las personas. Estuve involucrada solo por unos meses antes de retirarme completamente. No trabajé en inversiones por unos cinco o seis años, hasta mi regreso en 2013. Desde entonces, he adquirido varias propiedades de manera estratégica, especialmente en Edgewater, en 2018.

Antes de eso, viví en una casa cerca de Sunny Isles que compré en 2005 y remodelé completamente, beneficiándome de la plusvalía y la reventa estratégica. Luego, me mudé a Brickell en 2019, donde he invertido en dos apartamentos que han sido extremadamente rentables hasta la fecha.

Recordarán que mencioné un préstamo *Hard Money* con el cual compré un apartamento y lo vendí un año después con un 50% de ganancia. Con esos beneficios, compré otro apartamento y continué expandiendo mi portafolio de inversiones de manera calculada y estratégica.

Con cada propiedad que adquiero tengo la intención de aprovechar su plusvalía y el «equity[9]» generado para seguir construyendo mi fortuna. En los próximos capítulos, compartiré cómo utilicé uno de esos condominios para financiar la compra de cuatro autos, invirtiendo una cantidad mínima de dinero.

Mi testimonio es un ejemplo de cómo las inversiones inmobiliarias bien planeadas pueden generar ingresos significativos y oportunidades para reinvertir, todo mientras se minimizan las cargas fiscales gracias a estrategias financieras cuidadosamente estructuradas.

---

9 El «equity»se refiere al valor neto que un propietario tiene en una propiedad después de deducir cualquier deuda o hipoteca pendiente. Esencialmente, representa la porción de la propiedad que realmente le pertenece al dueño, libre de obligaciones financieras. Este es un concepto clave en bienes raíces porque refleja la riqueza acumulada en una propiedad y puede ser utilizado para obtener financiamiento, invertir o vender.

XVII
Cómo comprar autos sin dinero

«Invierte en lo que entiendes».
PETER LYNCH

El Mercedes Benz personalizado

Estamos por llegar al final de este libro número uno. He compartido contigo información clave para ayudarte a crear tu fortuna. Mi objetivo ha sido proporcionarte información básica que pueda abrir tu mente y capacitarte para aprovechar mejor tus finanzas personales. Como mencioné en el capítulo anterior, quiero detallar una estrategia muy específica que implementé hace veinte años en la que involucré una propiedad y cuatro autos. (No encuentro la foto del Cadillac SRX), pero acá están los otros tres.

En el año 2003, mientras estaba embarazada de Joshua, mi hijo, ya llevaba tres años viviendo cómodamente en Miami, después de mudarme desde Chicago.

En aquel entonces, gracias a mi posición como representante bancaria, tuve la oportunidad de ganar sumas considerables de dinero sin límites definidos, además de contar con conocimientos sólidos en inversiones que había adquirido desde la compra de mi primera y segunda propiedad en Chicago.

Vivía con mi entonces esposo en un apartamento en la playa que había sido convertido en condominio, gracias a la locura del mercado inmobiliario de aquellos años. La plusvalía aumentaba rápidamente debido a las conversiones de edificios y la demanda desproporcionada. La ubicación era privilegiada, con vistas espectaculares y un entorno envidiable cerca de la bahía, mansiones de artistas y la playa que quedaba a un minuto de caminata.

Joshua estaba por nacer. Mientras crecía en vientre,... decidí comprar un auto nuevo. Opté por un Mercedes Benz personalizado que ordené directamente desde Alemania. El proceso de diseño y construcción tomó varios meses, y el auto llegó en octubre, justo después del nacimiento de mi hijo. Estaba emocionada con mi nuevo vehículo, pero noté que el asiento del bebé estaba dañando el interior que había diseñado con tanto cuidado.

Aquí viene el dato importante: negocié con el concesionario para obtener un trato extraordinario. Solicité un financiamiento con un 0% de enganche y un 0% de interés. Imaginen poder exigir esas condiciones en un concesionario de autos. Confiada en mis ingresos como banquera, mostré un cheque de salario reciente de aproximadamente $100,000 USD por el mes anterior para demostrar mi capacidad de pago. Aunque el auto tenía un precio de alrededor de $68,000 USD, insistí en financiarlo sin intereses, pagándolo en unos pocos meses, pero sin desembolsar dinero en ese momento.

Esta estrategia me permitió adquirir el Mercedes Benz como si lo hubiera comprado al contado, pero con las ventajas de un financiamiento favorable. Esta experiencia en 2003 fue solo el inicio de un enfoque calculado y estratégico en mis inversiones y decisiones financieras, las cuales he seguido refinando y aplicando hasta hoy.

Viajar cómoda con Joshua

En febrero de 2004, decidí comprarme un Cadillac Escalade. Al igual que con mi Mercedes anterior, negocié con el concesionario para obtener un financiamiento con un 0% de enganche y un 0% de interés. Solo quería llevar a mi hijo cómodamente. El Mercedes lo usaría solo para citas de negocios y salidas, mientras que la Escalade sería ideal para salir con mi hijo.

El Mercedes, que había comprado anteriormente por alrededor de $68.000 USD se había convertido en una inversión inteligente. En lugar de considerarlo un gasto, lo vi como una inversión estratégica que me ha beneficiado continuamente durante los últimos veintiún años. Es importante hacer una pausa aquí para abordar el concepto de inversión en automóviles. Generalmente, se dice que los autos son la peor inversión, especialmente si no están asociados a una empresa. Sin embargo, cuando se utilizan para negocios, los autos se convierten en activos que pueden generar beneficios adicionales, como deducciones fiscales por el mantenimiento, el seguro, la gasolina y los peajes.

Para mí, los autos que compré, tanto el Mercedes como el Escalade, fueron más que simples vehículos de lujo. Eran nuevos y no tuve problemas significativos de mantenimiento debido a su condición. Además, estos vehículos se convirtieron en una inversión estratégica que demostró su valía con el tiempo.

En términos financieros, la compra de la Cadillac Escalade rondaba los $60,000 USD, mientras que los pagos mensuales combinados con el Mercedes sumaban aproximadamente $2,100 USD. Sin embargo, implementé una estrategia que me permitió pagar estos vehículos en tan solo cinco meses. Durante este período, invertí un total de $10,500 USD para adquirir dos vehículos cuyo valor de mercado ascendía a $128,000 USD. Esto significa que, gracias a estrategias previamente establecidas con un condominio que había adquirido en la playa, pude sacar provecho de una línea de crédito de $150,000 USD.

Con mi Mercedes que mande a construir a Alemania en 2003 y el Escallade que compre en el mismo año despues que nacio Joshua. Del lado derecho Joshua en el 2015 con el ultimo auto de 4 que compré con el enganche del 2003

En el 2004, implementé una estrategia que hoy quiero compartir contigo, una estrategia que ha demostrado ser efectiva, e increíblemente beneficiosa a lo largo de los años. Todo comenzó con un condominio que tenía en Miami y que generaba ingresos pasivos por alquiler. En aquel entonces, los gastos asociados eran mínimos, aproximadamente $1,000 USD mensuales, mientras que el ingreso por alquiler ascendía a unos $1,400 USD. Esto significaba que, desde el inicio, tenía un ingreso pasivo mensual de aproximadamente $400 USD, después de cubrir todos los gastos.

Al darme cuenta de esta oportunidad, decidí utilizar una estrategia que me permitiera acceder a una línea de crédito utilizando la plusvalía de este condominio. Esta línea de crédito me proporcionó acceso a $150,000 USD que podía utilizar según mis necesidades. Mi objetivo era utilizar este dinero para financiar la compra de los dos autos, pero con una inversión inicial de solo $10,500 USD, pude cubrir estos costos en solo cinco meses. Este enfoque no solo me permitió eliminar la deuda rápidamente, sino que también eliminó los pagos mensuales de mi bolsillo, ya que el ingreso del alquiler cubría estos gastos.

Mantuve los autos durante varios años. Para 2009, aún poseía tanto el Mercedes como la Escalade. Fue entonces cuando decidí cambiar la Escalade y Mercedes por un Cadillac SRX nuevo que costo alrededor de $38,000 USD, gracias a esta decisión, obtuve un valor en cambio que cubrió completamente el costo del nuevo auto. En 2015, volví a cambiar de vehículo, esta vez un Mercedes GLA, intercambié el auto anterior por este nuevo auto que costaba alrededor de $40,000 USD, pero me intercambiaron el auto anterior por $25,000 USD y así recibí un crédito de $15,000 USD con un pago mensual de $181 USD (por supuesto a 72 meses de financiamiento). Esta estrategia de intercambio y financiamiento inteligente me permitió mantenerme en vehículos nuevos sin incurrir en grandes gastos personales, hasta la fecha ese auto del 2015 lo maneja ahora Joshua el cual si lo quisiéramos vender tiene un valor en enero del 2025 de alrededor de $18,000 USD como mínimo. En resumen, veintiún años después todavía tengo dinero por recibir cuando venda ese último auto de estas dos décadas de estrategias de autos.

El valor de estas inversiones no solo radica en la comodidad y el lujo de los vehículos, sino en cómo esta estrategia me permitió maximizar los beneficios fiscales a través de la depreciación de los autos utilizados para fines comerciales. Además, el hecho de utilizar la plusvalía de la propiedad para financiar estos activos ilustra cómo los bienes raíces pueden servir como un banco privado, proporcionando acceso a fondos que de otro modo no estarían disponibles.

Esta estrategia demostró ser una forma efectiva de gestionar activos, con ella aproveché las propiedades con plusvalía para financiar inversiones que generan ingresos adicionales y beneficios fiscales. A lo largo de los años he mantenido una mentalidad estratégica para aprovechar los recursos disponibles para crear y mantener una fortuna personal. Con cada paso, aprendí la importancia de aprovechar las oportunidades financieras y planificar meticulosamente cada inversión.

XVIII
Consultas sobre el Sistema Financiero: respuesta a sus preguntas

En este capítulo responderé preguntas que la audiencia del podcast **Crea Fortunas** nos ha hecho llegar. En este capítulo 19, nos proponemos aclarar y responder todas estas dudas de manera exhaustiva.

¿Cuánto cuesta contratar a un agente de bienes raíces para comprar o vender mi casa?

El costo de contratar a un agente de bienes raíces para comprar o vender una casa varía, pero generalmente los vendedores pagan una comisión que suele ser alrededor del 6% del precio de venta. Esta comisión se divide entre el agente que representa al vendedor y el que representa al comprador. Sin embargo, esta tasa es negociable y puede ser tan baja como el 4%, dependiendo de las circunstancias y el mercado local.

¿Es recomendable dar un enganche grande para minimizar los pagos mensuales de mi hipoteca?

Para minimizar los pagos mensuales de la hipoteca, dar un enganche grande puede ser beneficioso, pero para los primeros compradores, programas como FHA permiten enganches tan bajos como el 3.5%. Además, existen opciones como el programa *Community Homebuyer*,[10] que requiere solo el 3% de enganche y existen programas para ayudar a los primeros compradores con los gastos de cierre. La estrategia depende de tus finanzas y objetivos, así como de las condiciones del mercado.

¿En qué puedo invertir el capital que saque de un HELOC de mi propiedad?

Un HELOC (Home Equity Line of Credit, o línea de crédito con garantía hipotecaria) te permite acceder al capital de tu propiedad sin impuestos inmediatos. Puedes invertir este dinero en una segunda propiedad, renovaciones para aumentar el valor de tus propiedades actuales o en otras inversiones que generen ingresos adicionales.

¿Hasta cuántas veces puedo refinanciar mi propiedad?

Puedes refinanciar tu propiedad tantas veces como desees, generalmente una vez al año, siempre que tengas suficiente capital acumulado. Es crucial considerar los costos de cierre y asegurarte de que refinanciar sea parte de una estrategia para mejorar tu flujo de efectivo o para realizar nuevas inversiones inmobiliarias.

---

10 El Programa Community Homebuyer es una iniciativa diseñada para facilitar el acceso a la vivienda a familias de ingresos bajos a moderados, especialmente a compradores primerizos. Este programa, respaldado por Fannie Mae, ofrece opciones de financiamiento flexibles y requisitos de pago inicial reducidos, con el objetivo de hacer que la compra de una vivienda sea más accesible y asequible.

Estoy considerando comprar una segunda propiedad en la que quiero vivir. ¿Es más recomendable rentar habitaciones adicionales para ahorrar o acceder al capital mediante refinanciamiento?

La opción más recomendable sería acceder al capital mediante refinanciamiento de tu propiedad actual. Vender la propiedad puede resultar en impuestos sobre ganancias de capital, mientras que refinanciar te permite invertir ese capital en nuevas propiedades sin pagar impuestos inmediatos, además de aprovechar las deducciones fiscales y estrategias de inversión.

XIX
Resumen del primer libro Crea Fortunas

«El noventa por ciento de todos los millonarios se hicieron ricos a través de la propiedad inmobiliaria».
ANDREW CARNEGIE.

En la culminación de este libro educativo, hemos explorado una variedad de temas cruciales para quienes desean incursionar en el mundo de las inversiones inmobiliarias en Estados Unidos. Desde los fundamentos del crédito y la importancia de mantener un buen puntaje, hasta estrategias avanzadas como el refinanciamiento y la maximización de la plusvalía, cada capítulo ha sido una guía detallada hacia el éxito financiero.

En cada capítulo nos dedicamos a aclarar dudas de manera integral. Discernimos en la importancia de mantener un equilibrio saludable entre el préstamo y el enganche, subrayando que un enganche inferior al 20% puede ser óptimo para evitar riesgos financieros elevados. Exploramos cómo el sistema financiero, con sus programas como FHA y convencionales, puede ser aprovechado al máximo para facilitar la adquisición de propiedades sin comprometer excesivamente los recursos personales.

Abordamos conceptos esenciales como el interés simple en préstamos y la flexibilidad que ofrece el refinanciamiento para acceder a la plusvalía sin incurrir en impuestos adicionales. Reflexionamos sobre cómo cada inversión debe ser estratégicamente planificada, desde la compra inicial hasta el uso de la propiedad como activo generador de ingresos.

Además de descubrir cómo aprovechar el sistema financiero para nuestro beneficio, aprendimos a manejar las ventajas legales del código del IRS para minimizar impuestos o incluso eliminarlos por completo. El interés simple se utiliza en préstamos personales y tiene la característica de que el banco cobra intereses anualmente, basados únicamente en el saldo del préstamo de ese año. Después de un año, descubrí que podía refinanciar mi propiedad y aprovechar la equidad o plusvalía sin incurrir en impuestos, una revelación que amplió mi comprensión del sistema financiero.

Aprender cómo funcionan estos procesos internos es crucial, ya que no participar nunca te privará de oportunidades beneficiosas. Los bancos están dispuestos a prestar la mayor parte del dinero necesario para comprar una casa principal, ofreciendo préstamos a treinta, cuarenta o incluso cincuenta años. La estrategia de tener un préstamo más largo se justifica por la reducción en los pagos mensuales. Durante el proceso de compra, es fundamental no adquirir nuevo crédito, como solicitar tarjetas o comprar automóviles, ya que esto puede afectar negativamente la aprobación del préstamo.

Si eres extranjero y estás considerando comprar una propiedad en Estados Unidos, es crucial prepararse adecuadamente. Necesitarás una cuenta bancaria en Estados Unidos con el 25% al 30% del costo como enganche, más los gastos de cierre.

Además, se recomienda tener reservas equivalentes a doce a veinticuatro meses para demostrar al banco tu capacidad de pago. Comprar una propiedad con términos de largo plazo, como un Hard Money Loan, con la intención de vender después de un año y un día para beneficiarse de las ventajas fiscales del largo plazo, es una estrategia que puede reducir significativamente los impuestos.

Mantener un puntaje de crédito superior a 720 es crucial para acceder a las tasas de interés más bajas del mercado. Aunque un puntaje de 680 ya proporciona mejores condiciones, superar los 720 te clasifica en el club VIP de intereses bajos. El compromiso con un presupuesto realista y el ahorro constante del 30% al 35% de tus ingresos te acercarán a la meta de comprar tu primera propiedad en el menor tiempo posible.

A lo largo de este viaje educativo, he compartido mi propia experiencia personal, desde mis inicios en Estados Unidos hasta cómo descubrí y aproveché el potencial del sistema financiero y del código tributario para maximizar mis inversiones. He destacado la importancia de la disciplina financiera, la planificación cuidadosa y el entendimiento profundo de los beneficios fiscales disponibles para los inversores inteligentes.

Cada capítulo ha sido diseñado para proporcionar una comprensión práctica y profunda de cómo construir una cartera de propiedades rentables y sostenibles. Desde las estrategias para mantener un buen crédito hasta cómo negociar contratos y cerrar transacciones, hemos cubierto todos los aspectos esenciales para convertirte en un inversionista exitoso en bienes raíces en el dinámico mercado estadounidense.

Por último, quiero enfatizar que el conocimiento adquirido aquí no solo se trata de acumular información, sino de aplicarla de manera estratégica y ética para construir un futuro financiero sólido. Te animo a que continúes educándote, explorando nuevas oportunidades y, sobre todo, a que aproveches al máximo las herramientas disponibles para alcanzar tus metas financieras y crear tu propia fortuna en el mercado inmobiliario.

Con cada capítulo de este libro, hemos trazado un camino claro hacia el éxito financiero en bienes raíces, y confío en que los principios aquí discutidos te servirán como guía invaluable en tu viaje hacia la prosperidad y el crecimiento personal.

Epílogo

«No esperes para comprar bienes
raíces, compra bienes raíces y espera».
WILL ROGERS

Al llegar al final de este libro, reflexiono sobre el viaje que hemos recorrido juntos capítulo a capítulo. Crea Fortunas no solo ha sido un testimonio de mi trayectoria profesional y personal, sino también un llamado a la acción para todos aquellos que desean transformar sus vidas a través del poder de las estrategias financieras y la determinación.

A lo largo de mi carrera, he aprendido que el éxito no llega por casualidad ni se limita únicamente al ámbito financiero. Es el resultado de la disciplina, la educación continua, la pasión por lo que haces y el deseo constante de mejorar. Cada página no solo ha revelado mis logros, sino también las lecciones aprendidas de mis errores y los momentos de crecimiento personal más profundos.

Desde mis primeros días como inmigrante en Estados Unidos hasta convertirme en una figura respetada en la industria financiera y del entretenimiento, cada experiencia ha moldeado mi perspectiva y fortalecido mi compromiso de ayudar a otros a alcanzar sus metas. A través de la educación financiera y el empoderamiento, he visto cómo individuos y familias transforman sus vidas, construyen riqueza y aseguran un futuro próspero para ellos y sus seres queridos.

Pero más allá de los números y las estrategias, Crea Fortunas también ha sido un testimonio de mis pasiones personales: el baile, la pintura, los viajes y la filantropía. Estas actividades no solo han enriquecido mi vida, sino que también han sido pilares fundamentales en mi equilibrio emocional y espiritual.

Al cerrar este libro, mi deseo es que encuentres inspiración para perseguir tus sueños con una determinación renovada. Que utilices las herramientas y estrategias compartidas aquí para construir un futuro financiero sólido y exitoso. Recuerda siempre que cada desafío es una oportunidad para crecer y cada obstáculo es una piedra en el camino hacia tus metas más ambiciosas.

Te agradezco sinceramente por acompañarme en este viaje. Que Crea Fortunas sea el comienzo de tu propio camino hacia el éxito y la realización personal.

Con gratitud y esperanza en el futuro,

Dra.H.C. Araceli Villanueva León

Un último mensaje para ti

Si has llegado hasta aquí, ya has dado el paso más importante: decidir aprender aquello que nunca nos enseñaron sobre el dinero.

Recuerda que construir una fortuna no depende únicamente de cuánto ganas, sino de las decisiones que tomas cada día, de la disciplina con la que administras tus recursos y del compromiso que asumes con tu futuro.

Cada pequeño cambio que implementes a partir de hoy puede convertirse en el inicio de una nueva historia para ti, tu familia y las generaciones que vienen detrás de ti.

El verdadero patrimonio comienza en la mente y se fortalece con conocimiento, acción y perseverancia.

Gracias por permitirme acompañarte en este camino.

Con admiración y gratitud,
Dra. H.C. Araceli Villanueva León

Continúa tu camino hacia la libertad financiera

Este libro es solo el comienzo.

Visita www.creafortunas.com Allí encontrarás recursos, herramientas, contenido educativo y novedades para continuar fortaleciendo tu educación financiera.

¡Tu futuro financiero lo construyes tú!

Escanea el código QR y sigue aprendiendo.

Comparte tu experiencia con el hashtag ***#CreaFortunas*** y acompáñanos en la misión de transformar la educación financiera de la comunidad latina.

www.ingramcontent.com/pod-product-compliance
Lightning Source LLC
LaVergne TN
LVHW071412210926
848486LV00004B/259